# KLETTERSTEIGE
# DOLOMITEN
## SÜD

**KOMPASS** Klettersteige

© **KOMPASS-Karten GmbH · A-6063 Rum/Innsbruck**

5. Auflage 1998

Tourentips und Redaktion: Robert Oberarzbacher, Innsbruck

Titelgestaltung: Günther Haas, Innsbruck

Titelbild:              Sentiero Alfredo Benini, Brentagruppe (Oberarzbacher)
Rückenbild:          Via ferrata Attilio Tissi, Monte Civetta (Oberarzbacher)
Innentitel:            Via ferrata degli Alleghesi (Oberarzbacher)
Umschlagrückseite: Monte Pelmo (Oberarzbacher)

Bildnachweis:
Horst Kraus S. 15, 41, 42, 44, 53, 56; Josef Schwaiger S. 29, 123; Reinhold Sigl
S. 71; Dr. Gerd Wagner S. 46, 73; Robert Oberarzbacher: übriges Bildmaterial.

Karten S. 16, 30, 36, 40, 47, 75, 81, 84, 85, 86, 103, 104:
©Mairs Geographischer Verlag, Ostfildern

Wir danken den Bergkameraden und Freunden des Autors für die tatkräftige
Unterstützung und Hilfe bei der Beschaffung von Unterlagen und Fotomaterial.

ISBN 3-87051-476-0
Verlagsnummer 967

# Vorwort

Die majestätische Schönheit der Dolomiten, das Eldorado der Kletterer, ist in wenigen Worten nicht zu beschreiben. Jeder Berginteressierte, und ein solcher ist der Benutzer dieses Bandes auf jeden Fall, kennt den bizarren Formenreichtum und die besonders intensive Farbwirkung dieser Gebirgsstöcke, die durch den wechselnden Lichteinfall während des Tages die Farbpalette vom zartesten Blau bis zum tiefsten Rot umfassen. Dieses einmalige Erscheinungsbild und die vielen Möglichkeiten der bergsteigerischen Betätigung haben wohl zum Errichten der zahlreichen Klettersteige in den letzten Jahrzehnten geführt.

Die wachsende Zahl der Benutzer gibt den Erbauern recht und es ist ein interessanter Versuch, zu beantworten, was den Reiz dieser Form des Bergsteigens ausmacht. Einerseits ist es sicherlich die Mittelstellung zwischen Bergtour und extremer Felskletterei, zum anderen spielt ohne Zweifel die eingangs erwähnte Einmaligkeit der Dolomitenbergwelt eine entscheidende Rolle, in deren schwierige Regionen der Bergsteiger auf sicher angelegten Klettersteigen geführt wird.

Mit den beiden Führern »Klettersteige – Dolomiten Nord« und »Dolomiten Süd« hat der Geographische Verlag Heinz Fleischmann, Starnberg, begonnen, auch diesen Bereich des Bergwanderns und Bergsteigens in sein Programm aufzunehmen. War bei der Erstellung der KOMPASS-Wanderkarten und Wanderbücher die Darstellung der tatsächlichen Verhältnisse schon immer oberstes Anliegen, gilt dies in noch stärkerem Maße für einen Klettersteigeführer. Unser »Wissen«, worauf es ankommt« hat die Kriterien bezüglich Inhalt und dessen Erstellung bestimmt. So ist es nur selbstverständlich, daß mit der Bearbeitung des Führers jemand betraut wurde, der das schöne, mitunter aber auch gefährliche Benutzen der Klettersteige aus eigener Erfahrung kennt und die dafür nötige Information richtig auszuwählen vermochte.

Als Mitarbeiter des Geographischen Verlages Heinz Fleischmann, Starnberg, habe ich aus langjähriger, eigener Erfahrung und im Gespräch mit Klettersteigbenutzern jene Punkte zusammengestellt, deren Kenntnis für Vorbereitung und Durchführung einer Klettersteigbegehung wichtig ist. So finden Sie zu jedem Klettersteig einen genauen Kartenausschnitt mit Zugangs- und Abstiegsweg, sowie meist ein Farbfoto mit eingezeichnetem Routenverlauf. Auch wichtige Angaben über An- und Abstieg, Ausgangspunkt, Stützpunkt, Gehzeit, Höhenmeter und Schwierigkeitsgrad, sowie Angaben über besondere Gefahrenpunkte wurden mit größter Sorgfalt erkundet.

Die richtige Selbsteinschätzung und das verantwortliche Verhalten, die für jeden Bergsteiger unumgänglich sind, kann ich nicht mitgeben, zu deren Beachtung will ich nur dringend raten. Halten Sie sich immer vor Augen, daß das Bergsteigen stets überlegtes Handeln verlangt. Tragen Sie selbst dazu bei, daß die Begehung eines Dolomitenklettersteiges zu Ihren schönsten Erinnerungen zählt. Mag dieser Führer Sie dabei unterstützen.

Robert Oberarzbacher

# Inhaltsverzeichnis

## Verhalten am Berg

Klettersteige bieten dem Bergwanderer die Möglichkeit, in Gebiete der verschiedenen Gebirgsgruppen zu gelangen und einzigartige Touren zu unternehmen, die sonst nur dem extremen Bergsteiger und Kletterer vorbehalten bleiben. Die mit viel Arbeitsaufwand und großer Mühe angelegten Klettersteige (Leitern, Drahtseile, Klammern usw.), auch »Vie ferrate« oder »Sentiero attrezzato« genannt, ermöglichen das Begehen von Anstiegen in Felswänden, auf Kanten und Graten, die ohne fixe Seile und Klammern den Schwierigkeitsgrad II, III, IV, V (UIAA-Skala) aufweisen. Da Klettersteige sehr anstrengend sein können und meistens in hochalpines Gelände, teilweise sogar über die 3.000-Meter-Grenze führen, sollten **Erfahrung** und **entsprechende Ausrüstung** sowie **Trittsicherheit, Schwindelfreiheit** und gute Kondition **Grundvoraussetzung** für deren Begehung sein. Bitte beachten Sie das Kapitel »Einteilung der Klettersteige nach Berggruppen und Schwierigkeiten«! Häufig werden die Gefahren im Gebirge unterschätzt, die besonders bei Schlechtwettereinbruch oder plötzlichem Wettersturz auftreten. Bei Gewitter, Schneefall und Vereisung können auf allen Klettersteigen auch gesicherte Abschnitte zu sehr gefährlichen Wegstrecken werden. Grundvoraussetzung für das Begehen von Klettersteigen sind absolut sicheres Wetter und gute Verhältnisse.

Sollte es trotz aller Vorsichtsmaßnahmen und optimaler Ausrüstung zu einem Unfall kommen (Steinschlag, Absturz usw.), sollte man auf keinen Fall in Panik geraten.

### Verhalten im Unglücksfall:
Verletzte Person bergen oder sichern.
Begleiter, wenn möglich, um Hilfe schicken.
Erste Hilfe leisten.
Verletzte Person nicht allein lassen.
Schutz vor weiterer Schädigung (z. B. vor Kälte, Hitze, Wind, Nässe, Steinschlag)

Geben Sie der verletzten Person keine Speisen oder Getränke (eine etwaige Operation wird dadurch verzögert)! Vorsicht bei Medikamenten! Die Verabreichung von Medikamenten überlassen Sie lieber einem Arzt.

### Alpines Notsignal

Das international eingeführte alpine Notsignal besteht in der Abgabe von akustischen oder optischen Zeichen, die sechsmal in einer Minute, und zwar in gleichen Zeitabständen, somit alle 10 Sekunden gegeben werden. Hierauf folgt eine Minute Pause, worauf das Notsignal in der angeführten Weise solange wiederholt wird, bis ein Antwortsignal kommt, das dreimal pro Minute in gleichmäßigen Abstandspausen, also alle 20 Sekunden, abgegeben wird. Als akustische Zeichen gelten Rufe

und Pfiffe, als optische das Schwenken von Tüchern und Kleidungs-
stücken, bei Nacht Licht- und Feuersignale.

Die in den letzten Jahren zunehmende Verwendung von Hubschrau-
bern bei der Rettung aus Bergnot hat neue Verständigungsmethoden
notwendig gemacht. Farbige Biwaksäcke oder Anoraks, Rauchsignale
oder Zeichen im Schnee erleichtern das Auffinden aus der Luft. Das in-
ternationale Notzeichen SOS kann mit etwa 2 m großen Buchstaben
aus Steinen usw. auf andersfarbigem Untergrund ausgelegt oder in den
Schnee getreten werden.

Bei Sichtverbindung sind Armzeichen bzw. farbige Leuchtzeichen
folgender Art festgelegt:

Beide Arme schräg hoch
oder
grünes Lichtzeichen

Linker Arm schräg hoch,
rechter Arm schräg
abwärts oder
rotes Lichtzeichen

**JA** auf Fragen
= Hier landen oder
Wir brauchen Hilfe

**NEIN** auf Fragen
= Nicht landen oder
Wir brauchen keine Hilfe

Bei Einweisung des Hubschraubers zur Landung ist folgendes zu beachten: Mit ausgebreiteten Armen und dem Rücken gegen den Wind
am Rande des vorgesehenen Landeplatzes (ca. 20 x 20 m) stehenblei-
ben.

**ACHTUNG:** Nicht entfernen, bevor die Rotorblätter zum Stillstand ge-
kommen sind! (Man stellt für den Piloten bei der Landung einen wichti-
gen Orientierungspunkt dar). Alle losen Ausrüstungsgegenstände vor
dem starken Rotorwind schützen!

## Angaben bei Unfallmeldung:

Wer meldet . . .?
Wer ist verunglückt . . .?
Von wo aus wird gemeldet . . . (tel. Rückruf)?
Unfallort, Unfallzeit, welche Verletzungen hat die Person vermutlich?
Wer wurde von dem Unfall noch informiert bzw. verständigt?
Landemöglichkeit – Hubschrauber?

## Ausrüstung

Es ist sicherlich nicht Aufgabe eines Klettersteigeführers, einen voll-
ständigen Katalog der Bergausrüstung aufzustellen. Aber wichtige
Voraussetzung für das Gelingen einer Bergfahrt ist, neben dem genauen Studium von Führer und Karte, eine optimale Ausrüstung. Hier
gilt der Grundsatz: »**Nur das Beste ist gut genug«.**
Zur Grundausrüstung gehören solide Bergschuhe mit griffiger Profil-
gummisohle; Turnpatschen oder zu leichte Wanderschuhe bieten auf
den meisten Klettersteigen mehr Nach- als Vorteile (rutschiger Fels,

steile Geröllhalden, Altschneefelder usw.). Bei der Oberbekleidung ist alles erlaubt, was angenehm zu tragen ist. Sehr wichtig sind eine wasser- und windabweisende Jacke und Überhose (Regenschutz). In extremen Situationen können ein Pickel, Steigeisen und ein UIAA-geprüftes Einfachbergseil (ca. 15–30 m lang) von großem Vorteil sein (zusätzliche Sicherung für schwächere Partner).

Der Rucksack sollte noch Biwaksack, Rettungsfolie, eine kleine Apotheke, Taschenlampe, Proviant, Mütze, Handschuhe, Sonnenschutz, Taschenmesser, Toilettenpapier, Streichhölzer, Schreibzeug und Ausweispapiere beinhalten.

Das Wichtigste bei einer Klettersteigausrüstung, und hier sollte man auf keinen Fall Kompromisse eingehen, sind **UIAA geprüfte Ausrüstungsgegenstände:** Steinschlaghelm, Brust- und Sitzgurt, ein 3–4 m langes 11 mm starkes Einfachseil (jedes dünnere Seilstück, oder eine Reepschnur entspricht nicht den Sicherheitsanforderungen) in Kombination mit einer Klettersteigbremse. (Vorsicht: verschiedene Klettersteigbremsen sind noch nicht auf bestem technischen Stand), 2 Klettersteigkarabiner mit selbsttätiger Verschlußsicherung.

Griffige Lederhandschuhe schützen vor beschädigten Drahtseilen.

## Anseilen und Sichern auf Klettersteigen

Neben den objektiven Gefahren (Steinschlag, Wettersturz usw.) auf Klettersteigen besteht die Gefährdung durch defekte Sicherungsanlagen. Belasten Sie niemals bedenkenlos Klammern, Drahtseile und Leitern, sondern überprüfen Sie diese auf ihre Festigkeit! Blitz- und Stein-

Richtiges Anseilen mit Brust- und Sitzgurt (Bild 1)

Seilring mit Achterknoten und Klettersteigbremse (Bild 2)

schlag, aber auch die laufende mechanische Beanspruchung könnten die Sicherungsanlagen beschädigt haben. Halten Sie Abstand! Innerhalb zweier Fixpunkte eines Drahtseiles sollte sich nur eine Person befinden. Die Gefahr, durch einen Sturz des Vorgängers mitgerissen zu werden, wird dadurch geringer.

Der richtige Gebrauch der Klettersteigausrüstung sieht wie folgt aus:

1. **Brust- und Sitzgurt anlegen.** Bei Sturz ohne Sitzgurt kann durch Abschnürung der Blutgefäße rasche Bewußtlosigkeit und in Folge der Tod eintreten.

   Für Kinder ist die Sicherung mit Brust- und Sitzgurt sehr wichtig, verhindert doch die Verwendung des Sitzgurtes das Herausrutschen aus dem Brustgurt. Die Gefahr besteht deshalb, weil Kinder in Gefahrensituationen instinktiv nach oben, das heißt zum Seil greifen und sich dabei »dünn« machen.

2. Die Seillänge zwischen Bremsplatte und Klettersteigkarabiner soll mindestens 1 m betragen, damit genügend Seil einen Sturz bremsen kann. An beiden Enden knüpft man jeweils eine enge Schlinge (Achterknoten) und hängt darin die 2 Klettersteigkarabiner mit selbsttätiger Verschlußsicherung ein (Bild 1).

   Das 11 mm starke Einfachseil, das durch die Klettersteigbremse (Bremsplatte) durchgefädelt ist, wird mit einem zusätzlichen Seilring mittels Achterknoten (11 mm Einfachseil) direkt in den Brust- und Sitzgurt eingebunden (Bild 2).

   Zwei Karabiner werden deshalb empfohlen, weil im Moment des Aus- und Umhängens eines Karabiners der Klettersteiggeher mit dem zweiten gesichert ist. **Achtung!** Es darf immer nur ein Seilstrang eingehängt werden, da sonst die Klettersteigbremse (Bremsplatte) nicht arbeiten kann. Die Gefahr eines Sturzes durch Steinschlag, Unachtsamkeit, defekte Sicherungen usw. ist nicht auszuschließen. Belastungsversuche des Sicherheitskreises des Deutschen Alpenvereines haben ergeben, daß nur ein 11 mm starkes Einfachseil in Kombination mit einer Klettersteigbremse freiwerdenden Fallkräften standhält. Klettersteigbremsen dämpfen den Fangstoß erheblich und können den Bruch der Selbstsicherung und auch der Sicherungsanlagen an Klettersteigen verhindern.

3. Sichern Sie schwächere Partner immer zusätzlich mit einem ca. 15–30 m langen 11 mm starken UIAA-geprüften Einfachseil!

## Einteilung der Klettersteige nach Berggruppen und Schwierigkeiten

Die Schwierigkeitseinteilung richtet sich nicht nach der UIAA-Skala (von leicht bis äußerst schwierig), sondern wurde speziell für Klettersteigbegeher ausgewählt. Die Schwierigkeiten und Gehzeiten stellen unverbindliche Empfehlungen dar, – sie können je nach Wetter- und Geländeverhältnissen von den angegebenen Werten mehr oder weniger abweichen.

### Kennzeichnung der Schwierigkeiten

**Achtung!** Grundvoraussetzung für die Begehung aller Klettersteige ist Trittsicherheit, Schwindelfreiheit und richtige Ausrüstung.

● **Leichter Klettersteig:**
Für Bergwanderer mit wenig Klettersteigerfahrung.

● **Schwieriger Klettersteig:**
Für geübte Bergsteiger mit vorhandener Klettersteigerfahrung.

● **Besonders schwieriger Klettersteig:**
In bezug auf Länge und Schwierigkeit sehr anspruchsvoll. Klettertechnik in steilem, ausgesetztem, teilweise überhängendem Fels erforderlich.

### Palagruppe

**❶** Sentiero attrezzato Dino Buzzati
Cimerlo, 2.503 m

**❷** Via ferrata Fiamme Gialle
Croda Grande, 2.849 m

**❸** Via ferrata del Velo
Rifugio Pradidali, 2.278 m – Rifugio S. A. T. Velo della Madonna, 2.358 m

**❹** Sentiero alpinistico Nico Gusella
Cima Val di Roda, 2.791 m

**❺** Sentiero del Dottor
Passo dell'Orsa, 2.330 m – Passo di Canali, 2.469 m – Forcella di Miel, 2.520 m

**❻** Via ferrata Bolver – Lugli
Cima della Vezzana, 3.192 m

**❼** Via ferrata Gabitta d'Ignotti
Cima della Vezzana, 3.192 m

**❽** Via ferrata Stella Alpina
Monte Agner, 2.872 m

## Civettagruppe

**9** Via ferrata degli Alleghesi
Monte Civetta, 3.220 m

**10** Via ferrata Attilio Tissi
Monte Civetta, 3.220 m

**11** Via ferrata Monte Pelsa – Fiamme Gialle
La Palazza Alta, 2.255 m

## Moiazzagruppe

**12** Via ferrata Gianni Costantini
Cresta delle Masenade, 2.740 m – Cima Moiazza Sud, 2.878 m

## Schiaragruppe

**13** Via ferrata Sperti
Bivacco Ugo Dalla Bernardina, 2.320 m

**14** Via ferrata Zacchi
Bivacco Ugo Dalla Bernardina, 2.320 m

**15** Via ferrata Marmól
Bivacco S. Bocco (Marmól), 2.280 m

**16** Via ferrata Berti
Monte Schiara, 2.565 m

## Brentagruppe

**17** Sentiero Sosat
Rifugio del Tuckett, 2.272 m – Rifugio dei Brentei Maria e Alberto,
2.182 m – oder Rifugio A. Alimonta, 2.600 m

**18** Sentiero Osvaldo Orsi
Rifugio del Tuckett, 2.272 m – Rifugio Tosa, 2.439 m – Rifugio
Tommaso Pedrotti, 2.491 m

**19** Sentiero dell' Ideale
Rifugio S. Agostini, 2.410 m – Rifugio Garbari ai XII Apostoli,
2.488 m

**20** Sentiero Gustavo Vidi
Passo del Grosté, 2.442 m – Punkt, 2.522 m – Rifugio G. Graffer al
Grosté, 2.261 m

**21** Sentiero delle Palete
Passo del Grosté, 2.442 m – Passo di Pracastron, 2.510 m – Talstation der Funivia del Grosté

**22** Sentiero Claudio Costanzi
Rifugio G. Graffer al Grosté, 2.261 m – Cima Sassara, 2.894 m –
Passo di Pracastron, 2.510 m – Talstation der Funivia del Grosté

**23** Sentiero Alfredo Benini
Passo del Grosté, 2.442 m – Bocca del Tuckett, 2.648 m – Rifugio
del Tuckett, 2.272 m

**24** Sentiero delle Bocchette Alte
Rifugio del Tuckett, 2.272 m – Cima Brenta, 3.150 m – Rifugio A.
Alimonta, 2.600 m

**25** Sentiero Oliva Detassis
Rifugio A. Alimonta, 2.600 m – Bocca Bassa dei Massodi, 2.790 m –
Rifugio A. Alimonta, 2.600 m

**26** Via delle Bocchette Centrale
Rifugio Tommaso Pedrotti, 2.491 m – Rifugio A. Alimonta, 2.600 m

**27** Sentiero Livio Brentari
Rifugio Tommaso Pedrotti, 2.491 m – Rifugio Garbari ai XII Apostoli, 2.488 m

**28** Sentiero Ettore Castiglioni
Rifugio S. Agostini, 2.410 m – Rifugio Garbari ai XII Apostoli,
2.488 m

## Nonsberggruppe

**29** Monte Roen, 2.116 m
Gesicherter Steig

**30** Klettersteig Fennberg (Margreider Klettersteig –
(Sentiero attrezzato Favogna) Unterfennberg, 1.034 m

**31** Via ferrata Burrone di Mezzocorona (Sentiero attrezzato
Burrone Giovanelli) Siedlung Monte, 891 m

## Fleimstaler Alpen

**32** Ferrata Giulio Gabrielli
Cima d'Asta, 2.874 m

## Vizentiner Alpen

**33** Sentiero attrezzato Giordano Bertotti – Alla Croce
Monte Chegúl – Spiazzo Grande, 1.332 m

**34** Sentiero Clemente Chiesa
Val Scura

**35** Via ferrata Gaetano Falcipieri
Monte Forni Alti, 2.027 m

**36** Monte Cornetto, 1.899 m
Gesicherter Steig

**37** Sentiero alpinistico del Vaio Scuro
Monte Obante, 2.020 m

**38** Via ferrata Angelo Viali
Monte Gramolón, 1.814 m

**39** Via ferrata Carlo Campalani
Cima Carega, 2.259 m

**40** Sentiero alpinistico Cesare Battisti
Cima Carega, 2.259 m

**41** Percorso attrezzato Carlo Guzella
Monte Grappa, 1.775 m

**42** Percorso attrezzato Sass Brusai
Monte Boccaor, 1.532 m

**43** Via ferrata Giancarlo Biasin
Cengia di Pértica, 1.743 m

## Gardaseeberge

**44** Sentiero attrezzato Fausto Susatti
Cima Capi, 927 m

**45** Sentiero attrezzato Mario Foletti
Cima Capi, 927 m

**46** Sentiero attrezzato dei Colodri
Colodri, ca. 300 m

**47** Sentiero attrezzato Corne de Bes
Corna Piana, 1.735 m

**48** Ferrata Centenario S. A. T., Via dell' Amicizia
Cima S. A. T. 1.250 m

**49** Sentiero attrezzato Pero Degasperi
Monte Bondone il Palon, 2.091 m

**50** Ferrata Giulio Segata
Dosso d'Abramo, 2.133 m

**51** Sentiero attrezzato Gerardo Sega
Monte-Baldo-Gebiet, ca. 1.300 m

**52** Via ferrata Monte Albano
Monte Albano, 660 m

**53** Via attrezzata Rino Pisetta
Monte Garsolé, 967 m

　　　　　　　　　Cimon della Pala mit Baita Segantini

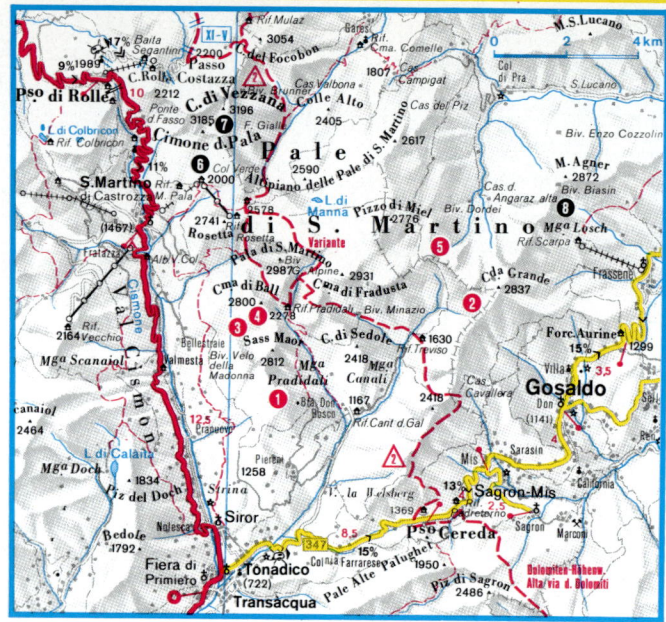

Als eines der abwechslungsreichsten und größten Massive am Südrand der Dolomiten hebt sich die Palagruppe deutlich von ihrer Umgebung ab, und infolge der klaren Gliederung kann man sie in mehrere Untergruppen einteilen. Schon der Name »Pala« bedeutet »Zinne« oder »Schlanker Turm« und weist auf den Formenreichtum dieser gewaltigen Dolomitenberge hin, die sich im wesentlichen ins Zentralmassiv, den Nord- u. Südzug sowie in die lange Südost-Kette gliedern. Das imposante Gipfelrund umschließt eine Karrenhochfläche, das Altopiano, das nach Nordosten ins Garétal abfällt und einen Durchmesser von fast 4 km erreicht. Die höchste Spitze, die Cima della Vezzana, 3.192 m, wird der Nordgruppe zugerechnet, die Cimon della Pala, 3.184 m, das »Matterhorn der Dolomiten«, beherrscht das Zentralmassiv. Den Vergleich mit dieser berühmten Felsbastion brachte die Form des Berges mit sich, und besonders gerühmt wird auch der Farbwechsel der Palaspitze im Laufe des Tages mit immer wärmer werdenden Tönen bis zum leuchtenden Rot am Abend. Im Südzug sind die Cima di Ball, 2.802 m, der Sass Maor, 2.814 m, und die Cima della Madonna, 2.752 m, erwähnenswert, während die höchste Erhebung des Südost-Zuges vom 2.872 m hohen Monte Agner gebildet wird. Der ständige Wechsel von Wänden, Pfeilern und zerrissenen Graten ist eine Augenweide für jeden, der die Ästhetik der Felsen zu schätzen weiß. Das leuchtende Gletscherfeld am Südrand des Hochplateaus zu Füßen der Cima di Fradusta verleiht dem Anblick nochmals ein Glanzlicht. Ein gutes Dutzend Schutzhütten und Biwakschachteln bieten Unterschlupf, bei der Größe des Massivs eigentlich keine beeindruckende Zahl, die aber durch die ausreichend vorhandenen Talstützpunkte weitgehend wettgemacht wird. San Martino di Castrozza ist wohl der bekannteste unter ihnen, ein Luftkurort, und in Kombination mit dem Skigebiet am Rollepaß ganz auf Sommer- und Wintertourismus eingestellt. Vom Ort gelangt man über einen Sessellift und anschließend über eine Seilbahn auf eine Höhe von 2.500 m direkt ins Palamassiv und erspart sich somit einen der zahlreichen, aber langwierigen Aufstiege. Die 100 km lange, reizvolle Straßenroute um die Palagruppe streift noch andere schöne Dolomitenorte, wie Fiera di Primiero, Paneveggio, Cencenighe und Agordo, die ausreichend Quartier bieten. Man wird in diesem herrlichen Klettergebiet schon von der Betrachtung her keine leichten Klettersteige erwarten, und dementsprechend sind alle 8 beschriebenen Anstiege als anspruchsvolle Touren zu bewerten.

## Klettersteige in der Palagruppe

 **Sentiero attrezzato Dino Buzzati**
Cimerlo, 2.503 m (Palagruppe)

**Schwierigkeit:** Schwieriger Klettersteig
**Ausgangspunkt:** Fiera di Primiero, 711 m – Valle dei Canali – Rifugio Baita la Ritonda, 1.160 m
**Stützpunkt:** Rifugio Baita la Ritonda, 1.160 m
**Höhenmeter:** Aufstieg: ca. 1.300 m
Abstieg: ca. 1.300 m
Klettersteig: ca. 600 m
**Gehzeit:** Aufstieg: Rifugio Baita la Ritonda – Cimerlo, ca. 4 Std.
Abstieg: Cimerlo – Sentiero del Cacciatore – Rifugio Baita la Ritonda, ca. 3 Std.
Klettersteig: ca. 3–4 Std.
**Hinweis:** Einsame, anstrengende Rundtour, Vorsicht bei Nebel! Spärliche Markierung.

Cimerlo und Sass Maor von Süden

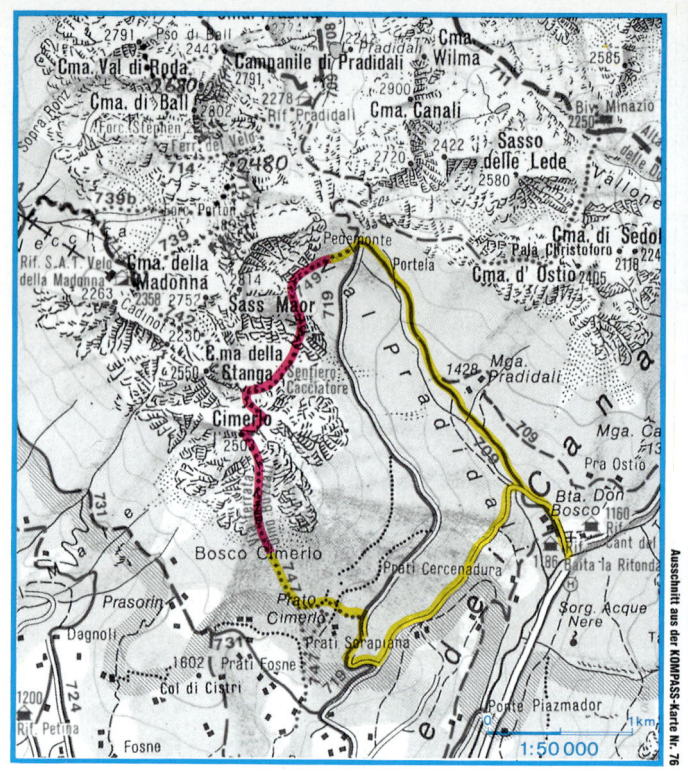

1:50 000

**Aufstieg:** Mit dem Auto durch das Valle dei Canali zum Rifugio Baita la Ritonda, 1.160 m. Von dort wandert man ca. 2,5 km leicht ansteigend auf dem Fahrweg entlang bis zu der Alm Prati Fosne, ca. 1.350 m. Wegweiser »Sentiero attrezzato Dino Buzzati«. Auf dem mit Nr. 747 markierten Weg, vorbei an der Malga Prato Cimerlo, erreicht man durch Hochwald, Latschenzone und Geröll das erste Drahtseil. Nun führt der Weg durch Rinnen, über Scharten, kleine Wandstufen und Kamine immer gesichert zum Gipfel des Cimerlo, 2.503 m (großartige Felsszenerie).

**Abstieg:** Über gesicherte Schrofenbänder in der Ostflanke des Cimerlo, 2.503 m, und Cima della Stanga, 2.550 m, erreicht man den »Sentiero del Cacciatore«. Hier besteht die Möglichkeit in ca. 1 Std. zum Rifugio S. A. T. Velo della Madonna, 2.358 m, abzusteigen. Man hält sich nach rechts auf Weg Nr. 749 und steigt über den teilweise gesicherten »Sentiero del Cacciatore« hinunter nach Pedemonte (Wildromantische Schlucht und Felskessel). Bei der Weggabelung über den Karrenweg mit der Nr. 709 zum Ausgangspunkt.

**Bemerkung:** Bei genügend Zeit und Kondition kann auch über das Rifugio S. A. T. Velo della Madonna — Via ferrata del Velo — Via ferrata del Porton — Rifugio Pradidali der Ausgangspunkt erreicht werden, ca. 10—11 Std.

**② Via ferrata Fiamme Gialle**
Croda Grande, 2.849 m (Palagruppe)

**Schwierigkeit:** Schwieriger Klettersteig
**Ausgangspunkt:** Fiera di Primiero, 711 m — Valle dei Canali — Rifugio Baita la Ritonda, 1.160 m — Parkplatz Malga Canali, 1.302 m.
**Stützpunkt:** Rifugio Treviso in Val Canali, 1.631 m
**Höhenmeter:** Aufstieg: ca. 1.600 m
Abstieg: ca. 1600 m
Klettersteig: ca. 300 m
**Gehzeit:** Aufstieg: Parkplatz — Rifugio Treviso in Val Canali, ca. 1 Std.; Rifugio Treviso in Val Canali — Croda Grande, ca. 4 Std.
Abstieg: Croda Grande — Sentiero Vani Alti — Rifugio Baita la Ritonda, ca. 6—7 Std.
Klettersteig: ca. 2 Std.
**Hinweis:** Sehr lange und einsame Bergfahrt. Übernachtung im Rifugio Treviso in Val Canali, 1.613 m, empfehlenswert. Bei Nebel problematisch.

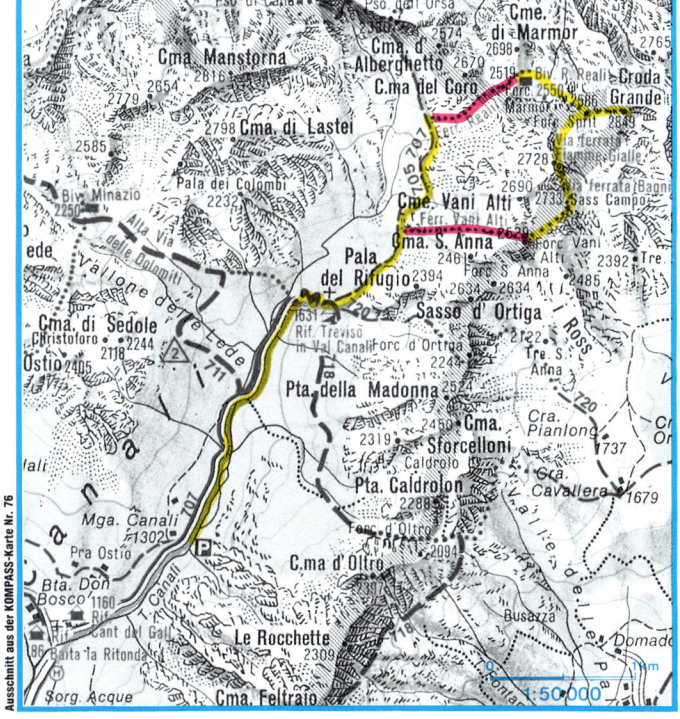

Ausschnitt aus der KOMPASS-Karte Nr. 76

**Aufstieg:** Vom Parkplatz am Ausgangspunkt auf schönem, breitem Weg (Nr. 707 und 711) zum Rifugio Treviso in Val Canali, 1.613 m. Nun folgt man dem Steig Nr. 707 in Richtung Passo dell'Orsa, 2.330 m, und

19

Passo di Canali, 2.469 m. Nach ca. 1 Std. ist die Wegabzweigung nach rechts zum Klettersteig im obersten Valle dei Canali erreicht. Nun auf markierten Steigspuren mit der Nr. 743 zum Einstieg auf ca. 2.350 m. Von dort geht es gut gesichert über ausgesetzte Felsstufen, Bänder und Schluchten hinauf zur Forcella di Marmor, 2.519 m, und zum Bivacco R. Reali, 2.550 m. Der schwachen Markierung folgend erreicht man über das kleine Plateau die Forcella Sprit, 2.586 m, und weiter über Schutt- und Altschneefelder steil aufwärts die Scharte zwischen Haupt- und Ostgipfel; von dort über leichteres Felsgelände zum Gipfel der Croda Grande, 2.849 m.

Blick vom Valle dei Canali zur Cme di Marmor

**Abstieg:** Zurück zur Forcella Sprit, 2.586 m, und der Markierung südwärts folgend zur Forcella Vani Alti, 2.529 m. Von hier gelangt man über den teilweise gesicherten »Sentiero Vani Alti« und der »Via ferrata Bagnin« zurück zum Hauptweg Nr. 707 und zum Ausgangspunkt.

**Bemerkung:** Großartiger Aussichtsberg.

 **Via ferrata del Velo**
Rifugio Pradidali, 2.278 m – Rifugio S. A. T. Velo della Madonna, 2.358 m (Palagruppe)

**Schwierigkeit:** Schwieriger Klettersteig
**Ausgangspunkt:** S. Martino di Castrozza, 1.466 m
**Stützpunkt:** Rifugio Pradidali, 2.278 m
**Höhenmeter:** Aufstieg: ca. 500 m
Abstieg: ca. 1.400 m
Klettersteig: ca. 400 m
**Gehzeit:** Abstieg: Rifugio Funivia di Rosetta – Rifugio Pradidali, ca. 1 $\frac{1}{2}$ Std.–2 Std.
Aufstieg: Rifugio Pradidali – Rifugio S. A. T. Velo della Madonna, ca. 3–4 Std.
Abstieg: Rifugio S. A. T. Velo della Madonna – S. Martino di Castrozza, ca. 3–4 Std.
Klettersteig: ca. 3 Std.
**Hinweis:** Großartige Rundtour in der Palagruppe mit wenigen Höhenmetern im Aufstieg. Vorsicht bei Nebel! Im Herbst können dichte Nebel die Orientierung im Gelände erheblich erschweren.

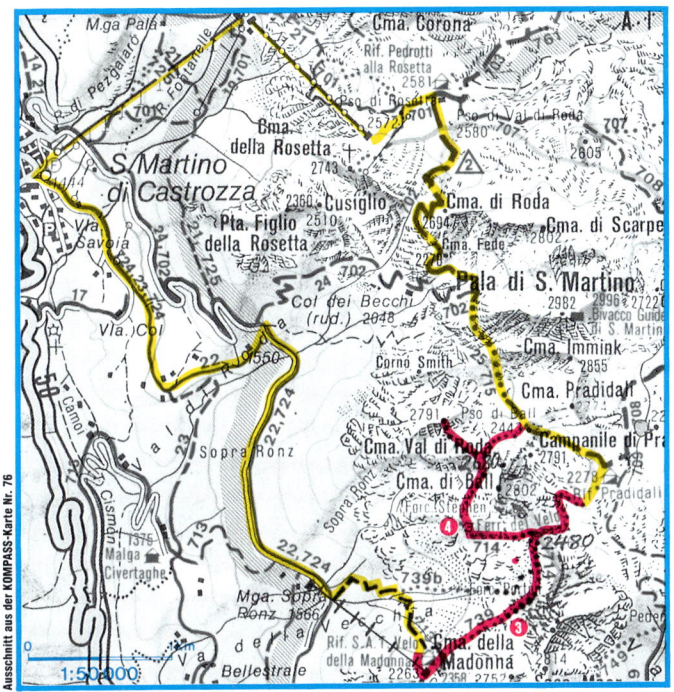

1:50000

**Aufstieg:** Von S. Martino di Castrozza, 1.466 m, mit der Sesselbahn und Seilbahn auf die Pala-Hochfläche – Cima della Rosetta, 2.743 m – herrlicher Aussichtsberg. Man wandert auf Weg Nr. 702 und 715 vom Rifugio Pedrotti alla Rosetta, 2.581 m, zuerst leicht absteigend und später wieder ansteigend, teilweise auch mit Drahtseilen gesichert, unter den Westwänden der Cima di Roda, 2.694 m, und Pala di San Martino, 2.982 m, zum Passo di Ball, 2.443 m, und leicht absteigend zum Rifugio Pradidali, 2.278 m. Von der Hütte steigt man auf Weg Nr. 739 westlich zur »Via ferrata del Portón«. Über Klammern und Drahtseile (Vorsicht, sehr ausgesetzt!) erreicht man den Passo Porton, 2.480 m. Von dort auf Pfadspuren, in weitem Bogen links ausholend, zuerst etwas absteigend, dann wieder ansteigend zur »Via ferrata del Velo«, die uns gut gesichert, aber sehr exponiert zum Rifugio S. A. T. Velo della Madonna, 2.358 m, führt.

**Abstieg:** Über den am Anfang gesicherten Weg Nr. 713 hinunter bis zum Weg Nr. 724 (Talstation der Materialseilbahn). Zuerst auf einem Fahrweg, dann auf breitem Wanderweg Nr. 22 und 724, immer den Schildern »San Martino di Castrozza« folgend, erreicht man wieder den Ausgangspunkt.

**Bemerkung:** Vom Rifugio S. A. T. Velo della Madonna (Übernachtung), 2.358 m, kann auch über den »Sentiero attrezzato Dino Buzzati«, Weg Nr. 747, und später auf den Wegen Nr. 731 und 724, S. Martino di Castrozza, 1.466 m, erreicht werden, ca. 8–9 Std.

**4** **Sentiero alpinistico Nico Gusella**
Cima Val di Roda, 2.791 m (Palagruppe)

**Schwierigkeit:** Schwieriger Klettersteig
**Ausgangspunkt:** S. Martino di Castrozza, 1.466 m
**Stützpunkt:** Rifugio Pradidali, 2.278 m
**Höhenmeter:** Aufstieg: ca. 400 m
Abstieg: ca. 1.300 m
Klettersteig: ca. 300 m
**Gehzeit:** Abstieg: Rifugio Funivia di Rosetta – Passo di Ball, ca. 1 1/2 Std.
Aufstieg: Passo di Ball – Cima Val di Roda, ca. 1 1/2 Std.
Abstieg: Cima Val di Roda – Passo Porton – S. Martino di Castrozza, ca. 5 Std.
Klettersteig: ca. 3 Std.
**Karte:** siehe Seite 21
**Hinweis:** Großartige Rundtour in der Palagruppe mit wenig Höhenmetern im Aufstieg. Vorsicht bei Nebel!

Sass Maor und Cma della Madonna von S. Martino di Castrozza

**Aufstieg:** Anstiegsweg zum Passo di Ball, 2.443 m, siehe unter »Via ferrata del Velo«. Von dort steigt man auf Weg Nr. 714 westlich empor zu den ersten Drahtseilen. Über Platten und Schluchten (Steinschlag) erreicht man die Forcella Stephen, 2.680 m, und die Cima Val di Roda, 2.791 m. Großartige Aussicht.

**Abstieg:** Zurück in die Scharte und dem Steig in der Westflanke der Cima di Ball nach Süden folgend, immer wieder über gesicherte Felsstufen, zum Passo Porton, 2.480 m. Von hier bestehen 3 Abstiegsmöglichkeiten:
a) Über die »Via ferrata del Portón« zum Rifugio Pradidali, ca. 2 Std.
b) Über die »Via ferrata del Velo« zum Rifugio S. A. T. Velo della Madonna, ca. 2 Std.

c) Über die »Via ferrata della Vecchia« nach S. Martino di Castrozza, ca. 3–4 Std. (Diese Variante wird relativ selten begangen, da der Weg bei Nebel schlecht zu finden und bei weitem nicht so schön ist wie der Abstieg über die »Via ferrata del Velo«. Beschreibung siehe unter »Via ferrata del Velo«!)

**Bemerkung:** Vom Rifugio S. A. T. Velo della Madonna (Übernachtung), 2.358 m, kann man auch über den »Sentiero attrezzato Dino Buzzati«, Weg Nr. 747 und später dann auf den Wegen Nr. 731 und 724, S. Martino di Castrozza, 1.466 m, erreichen, ca. 8–9 Std.

### ⑤ Sentiero del Dottor

Passo dell'Orsa, 2.330 m — Passo di Canali, 2.469 m — Forcella di Miel, 2.520 m (Palagruppe)

**Schwierigkeit:** Schwieriger Klettersteig
**Ausgangspunkt:** Taibon Agordino, 618 m — Valle di S. Lucano — Col di Prà, 843 m
**Stützpunkt:** Bivacco Dordei, 1.370 m
**Höhenmeter:** Aufstieg: ca. 1.700 m
Abstieg: ca. 1.700 m
Klettersteig: ca. 700 m
**Gehzeit:** Aufstieg: Col di Prà — Bivacco Dordei, ca. 1 ½ Std.; Bivacco Dordei — Passo dell'Orsa — Passo di Canali — Forcella di Miel, ca. 4–5 Std.
Abstieg: Forcella di Miel — Col di Prà, ca. 2 Std.
Klettersteig: ca. 3 Std.
**Hinweis:** Im Frühsommer ist ein Pickel von Vorteil. Steile Schneefelder in der Schlucht. Relativ einsam gegenüber den anderen Gebieten der Palagruppe.

**Aufstieg:** Von Col di Prà, 843 m, auf Weg Nr. 767, dem Bach entlang bis zum Bivacco Dordei, 1.370 m, im Valle di Angheráz. Durch die enge und sehr steile Schlucht, immer der Markierung folgend, erreicht man über gesicherte Passagen — im Frühsommer steile Schneefelder — den Passo dell'Orsa, 2.330 m (Vorsicht Steinschlaggefahr!). Dort trifft man auf die

Blick von der Forcella di Miel zur Monte-Agner-Gruppe

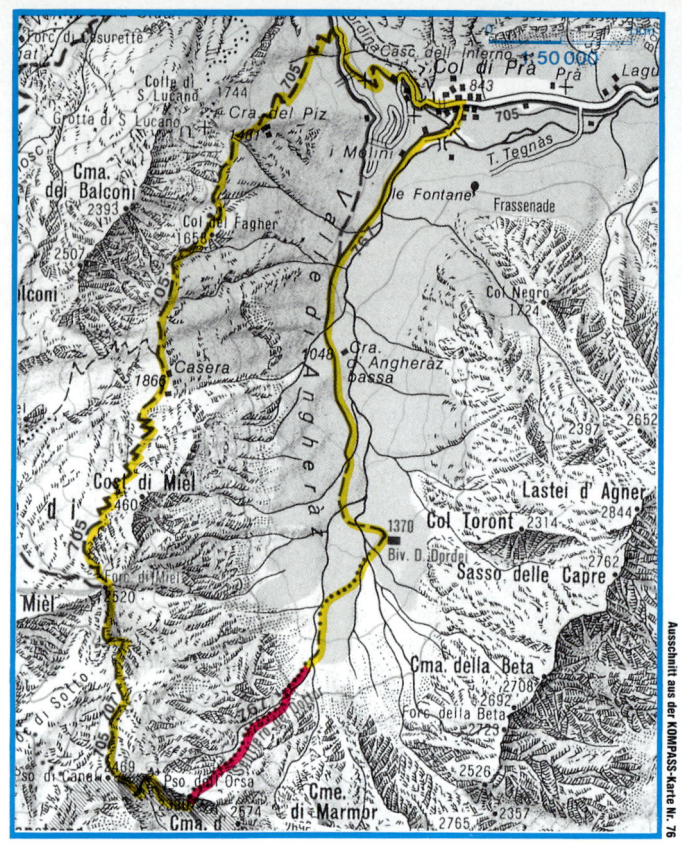

Wege Nr. 705 und 707 und wandert über den Passo di Canali, 2.469 m, hinauf zur Forcella di Miel, 2.520 m.

**Abstieg:** Mit Weg Nr. 705, vorbei an einer Casera (Alm), 1.866 m, zum Col del Fagher, 1.658 m. Immer der Markierung folgend, über die Casera del Piz, 1.481 m, zurück zum Ausgangspunkt.

**Bemerkung:** Schöne, aber sehr lange 3-Pässe-Rundtour in einer landschaftlich großartigen Umgebung. Immer wieder herrlicher Blick auf die West- und Nordabstürze des Monte-Agner-Massivs.

**❻ Via ferrata Bolver-Lugli**
Cima della Vezzena, 3.192 m (Palagruppe)

**Schwierigkeit:** Besonders schwieriger Klettersteig
**Ausgangspunkt:** S. Martino di Castrozza, 1.466 m
**Stützpunkt:** S. Martino di Castrozza, 1.466 m

**Höhenmeter:** Aufstieg: ca. 1.200 m
Abstieg: ca. 1.200 m
Klettersteig: ca. 700 m
**Gehzeit:** Aufstieg: Col Verde – Cima della Vezzena, ca. 4 Std.
Abstieg: Cima della Vezzena – Passo Bettega – Col Verde, ca. 3 Std.
Klettersteig: ca. 2½–3 Std.
**Hinweis:** Nur bei sicherem Wetter empfehlenswert. Wegen der vereisten, steilen Firnfelder im Valle dei Cantoni sind Steigeisen von Vorteil.

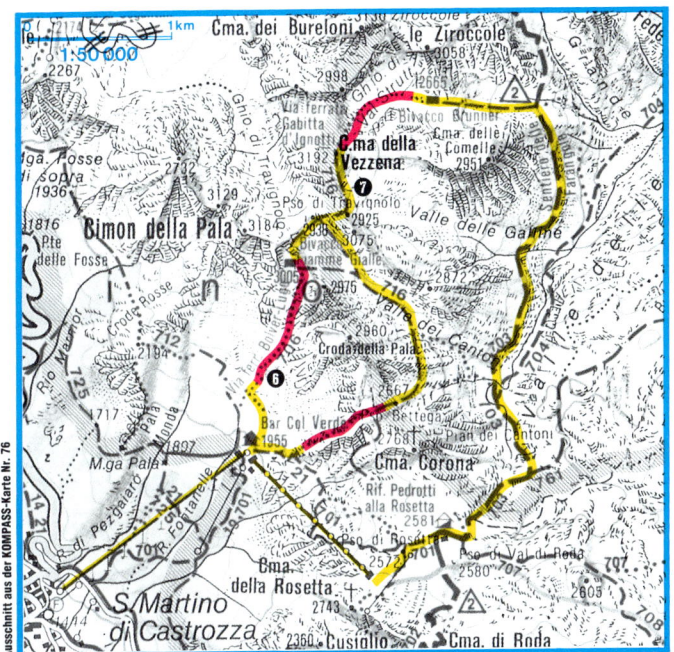

Ausschnitt aus der KOMPASS-Karte Nr. 76

**Aufstieg:** Von S. Martino di Castrozza, 1.466 m, mit der Seilbahn zum Col Verde, 1.965 m. Von dort auf Weg Nr. 706 über schrofiges Gelände zum Einstieg. Zuerst ungesichert, aber markiert über einen mächtigen Schrofenaufbau zu den ersten Drahtseilen. Links und später rechts haltend über Rinnen, Platten und Risse zu einer etwa 50 m hohen, sehr steilen, ausgesetzten Wand. Weiter durch einen 15 m hohen Kamin zum Ausstieg am Südostgrat des Cimon della Pala auf ca. 2.950 m. Man folgt den Pfadspuren zum Bivacco Fiamme Gialle, 3.005 m, und weiter nordöstlich, leicht absteigend zum Passo di Travignolo, 2.938 m. Von dort über leichtes Felsgelände zum höchsten Gipfel der Palagruppe, der Cima della Vezzena, 3.192 m.

**Abstieg:** Zurück zum Passo di Travignolo, 2.938 m, und durch das steile Valle dei Cantoni auf Weg Nr. 716 zum Passo Bettega, 2.667 m (kurzer Gegenanstieg). Dort unschwierig hinab bis zu einer Weggabelung. Nun hält man sich nach rechts. Über den gesicherten, aber exponierten

Cimon della Pala von S. Martino di Castrozza

Westabsturz der Cima Corona, 2.768 m, erreicht man wieder den Col Verde, 1.965 m, und die Sesselbahn.

**Bemerkung:** Diese Ferrata gehört zu den schönsten und schwersten Anlagen in den Dolomiten und ist mit der »Via ferrata Gabitta d'Ignotti« kombinierbar (ca. 5 Std. ab Cima della Vezzena).

**❼ Via ferrata Gabitta d'Ignotti**
Cima della Vezzena, 3.192 m (Palagruppe)

**Schwierigkeit:** Besonders schwieriger Klettersteig
**Ausgangspunkt:** S. Martino di Castrozza, 1.466 m
**Stützpunkt:** Bivacco Fiamme Gialle, 3.005 m
**Höhenmeter:** Aufstieg: ca. 1.500 m
Abstieg: ca. 1.200 m
Klettersteig: ca. 800 m
**Gehzeit:** Aufstieg: Via ferrata Bolver-Lugli – Cima della Vezzena, ca. 4 Std.
Abstieg: Via ferrata Gabitta d'Ignotti – Bivacco Brunner – Valle delle Conelle – Rifugio Pedrotti alla Rosetta, ca. 5 Std.
Klettersteig: ca. 4 Std.
**Karte:** siehe Seite 25
**Hinweis:** Nur bei sicherem Wetter empfehlenswert. Eispickel oder Steigeisen von Vorteil (Ghiacciaio di Val Strutt).

**Aufstieg:** Wie auf der »Via ferrata Bolver-Lugli« zur Cima della Vezzena, 3.192 m.

**Abstieg:** Auf der Markierung Nr. 716, dem Ostrücken des Gipfels folgend, hinunter zum gesicherten Abschnitt, über den man den kleinen Ghiacciaio di Val Strutt und das Bivacco Brunner, 2.665 m, erreicht (Vorsicht auf Vereisung und Steinschlag!). Nun weiter hinunter durch das Valle Strutt, bis man auf den »Sentiero delle Farangole«, zugleich »Alta Via delle Dolomiti 2« und Markierung Nr. 703, trifft. Diesen Weg verfolgt man südlich leicht ansteigend bis zum Rifugio Pedrotti alla Rosetta, 2.581 m. Von dort entweder mit der Seilbahn oder zu Fuß auf Weg Nr. 701 zurück zum Col Verde und nach S. Martino di Castrozza, 1.466 m.

**Bemerkung:** Großartige Überschreitung des höchsten Palagipfels. Lange, anspruchsvolle Tour.

Cima della Vezzena von Osten

## ❽ Via ferrata Stella Alpina
### Monte Agner, 2.872 m (Palagruppe)

**Schwierigkeit:** Besonders schwieriger Klettersteig
**Ausgangspunkt:** Agordo, 611 m — Frassenè, 1.084 m
**Stützpunkt:** Rifugio Scarpa, 1.742 m
**Höhenmeter:** Aufstieg: ca. 1.100 m
Abstieg: ca. 1.100 m
Klettersteig: ca. 900 m
**Gehzeit:** Aufstieg: Rifugio Scarpa — Monte Agner, ca. 4—5 Std.
Abstieg: Monte Agner — Rifugio Scarpa, ca. 4 Std.
Klettersteig: ca. 3½ Std.
**Hinweis:** Diese Ferrata muß in die oberste Kategorie der schwersten Klettersteige in den Dolomiten eingestuft werden. Je nach Jahreszeit Eispickel oder Steigeisen für den Abstieg empfehlenswert.

**Aufstieg:** Von Frassenè, 1.084 m (ca. 10 km von Agordo oder ca. 25 km von Fiera di Primiero), mit der Sesselbahn oder auf Weg 771 zum Rifugio Scarpa, 1.742 m. Zuerst ca. 20 Min. auf dem Normalweg bis zur Abzweigung nach links zum Klettersteig. Über Schrofen und einen stark gegliederten Felsaufschwung, immer der Markierung folgend, erreicht man die ersten Drahtseile. Nun über ausgesetzte Rinnen, Kamine und steile Felswände, nur mit einem Drahtseil gesichert, zur Forcella del Pizzon, 2.623 m, und zum Bivacco Biasin, 2.645 m (Zusammenkunft mit dem Normalweg). Weiter über schmale Felsbänder, nur teilweise gesichert, zum Westgrat und zum Gipfel des Monte Agner, 2.872 m.

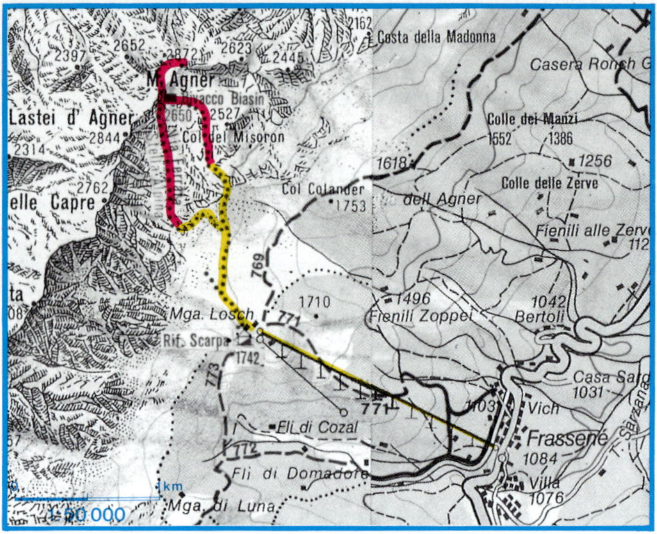

**Abstieg:** Auf dem Aufstiegsweg zurück zum Bivacco Biasin, 2.645 m. Von dort links über den teilweise gesicherten Normalweg hinunter zum Beginn der großen, meist mit Schnee gefüllten Schlucht »Gran Canalone« und zurück zum Rifugio Scarpa, 1.742 m. Dort entweder mit dem Sessellift oder auf Weg Nr. 771 steil hinunter nach Frassenè, 1.084 m.

**Bemerkung:** Herrliche Aussicht vom Gipfel auf die Civetta-, Pala- und Marmoladagruppe.

Monte Agner von Süden

Torre Venezia – Civettagruppe

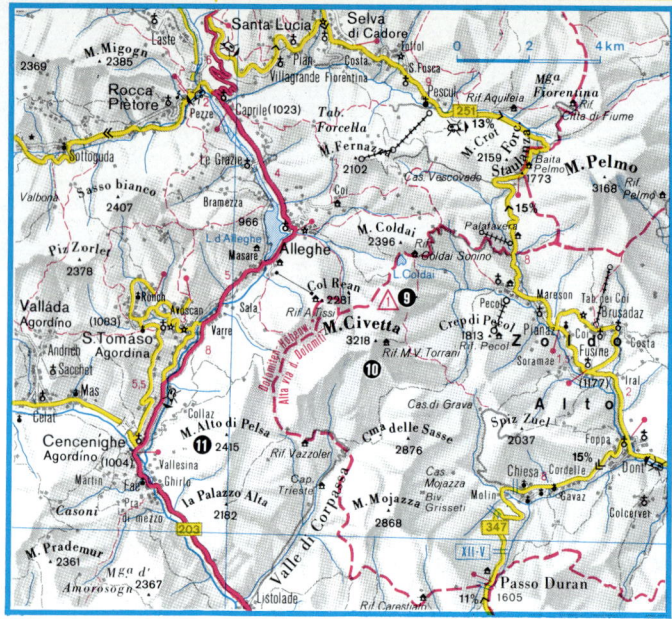

Gewaltig und kompakt steht sie vor uns, nicht so tiefgründig zerklüftet wie die Palagruppe oder die Sextener Dolomiten, sondern mehr der geschlossenen Wuchtigkeit des Sorapisstockes ähnelnd. Die gigantische Nordwestwand der Civetta, 1.000 m hoch, ist eines der Schaustücke der Dolomiten und in Kreisen anspruchsvoller Kletterer als Herausforderung bekannt. 1925 wurde diese Wand erstmals bezwungen und ist seitdem Dorado des extremen Bergsteigens. Bereits 1867 wurde durch den Engländer Francis Fox Tuckett der Gipfel, 3.220 m, über eine andere Route erreicht. Für den Klettersteiggeher gibt es zwei Möglichkeiten des Gipfelanstieges: die »Via ferrata degli Alleghesi« von Nordosten und die »Via ferrata Attilio Tissi« von Süden. Der hervorragende Rundblick vom Gipfel entschädigt für die Mühen auf den anspruchsvollen Klettersteigen, und eine Reihe gut plazierter Schutzhütten sowie eine Biwakschachtel haben festen Platz bei der Planung einer Tour. Immer wieder wird das prächtige Zusammenspiel der wilden, ursprünglichen Felsburgen mit der beruhigenden Harmonie der Umgebung gepriesen, welches der beeindruckenden Bergwelt zu krönendem Dasein verhilft. Fast ideal sind die Übernachtungsmöglichkeiten im Tal, denn rund um das Massiv befindet sich eine Reihe lieblicher Orte, die, durch die geographische Lage bedingt, bereits südliche Prägung aufweisen. Das neben dem gleichnamigen See liegende, bekannte Alleghe im

Nordwesten ist sicherlich der bekannteste von ihnen und wird wohl der bevorzugte Aufenthaltsort beim Besuch der Gruppe sein. Durch den natürlichen Zusammenschluß bedingt, ist das südlich anschließende Moiazzamassiv zu erwähnen, das die beschriebene Felsstruktur in bescheideneren Ausmaßen fortsetzt. Zusammenfassend kann die Civettagruppe als wunderschönes, aber anspruchsvolles Klettergebiet bezeichnet werden, das auch für Wanderungen (Dolomitenhöhenweg 1) viele Möglichkeiten bietet.

## Klettersteige in der Civettagruppe

**⑨ Via ferrata degli Alleghesi**
Monte Civetta, 3.220 m (Civettagruppe)

**Schwierigkeit:** Besonders schwieriger Klettersteig
**Ausgangspunkt:** Hotel Palafavera, 1.520 m, ca. 4 km südlich der Forcella Staulanza, 1.773 m
**Stützpunkt:** Rifugio A. Sonino al Coldai, 2.135 m
**Höhenmeter:** Aufstieg: ca. 1.400 m
Abstieg: ca. 1.400 m
Klettersteig: ca. 900 m
**Gehzeit:** Aufstieg: Parkplatz – Rifugio Coldai – Monte Civetta, ca. 5–6 Std.
Abstieg: Monte Civetta – Rifugio Coldai – Parkplatz, ca. 4 Std.
Klettersteig: ca. 3 Std.
**Hinweis:** Sehr langer und anspruchsvoller Klettersteig. Nur bei absolut sicherem Wetter begehen. Im Frühsommer Pickel oder Steigeisen von Vorteil (Kletterstellen bis zum -II Grad).

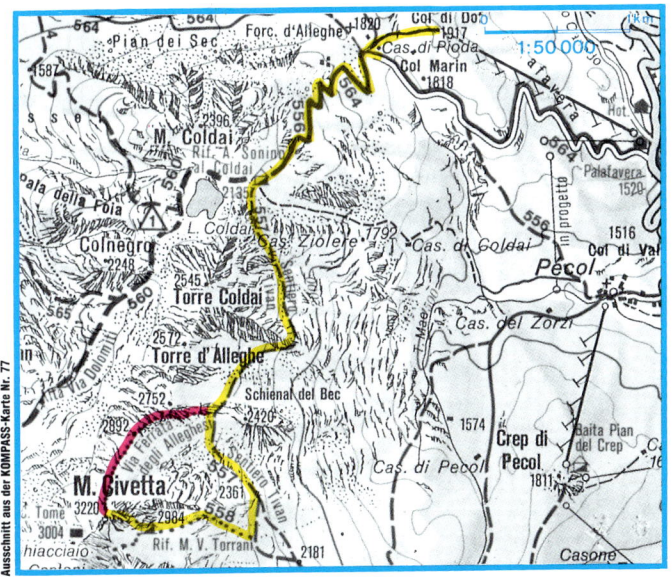

Ausschnitt aus der KOMPASS-Karte Nr. 77

**Aufstieg:** Vom Gasthaus Palafavera, 1.520 m (Parkplatz, Sessellift, Campingplatz) mit dem Sessellift hinauf zum Col di Dof. Zuerst leicht absteigend hinunter zum Cas. di Pioda und weiter auf Weg 556 hinauf zum Rifugio Coldai, 2.135 m. Weiter auf Weg Nr. 557 »Sentiero Tivan«

nach Süden zum Einstieg in der Nähe der Scharte am Schienal de Bec. Über den Ostpfeiler (gesichert) auf den Nordgrat und weiter zum Gipfel des Monte Civetta, 3.220 m. Teilweise ungesicherte Stellen erreichen die UIAA-Schwierigkeit I-II.

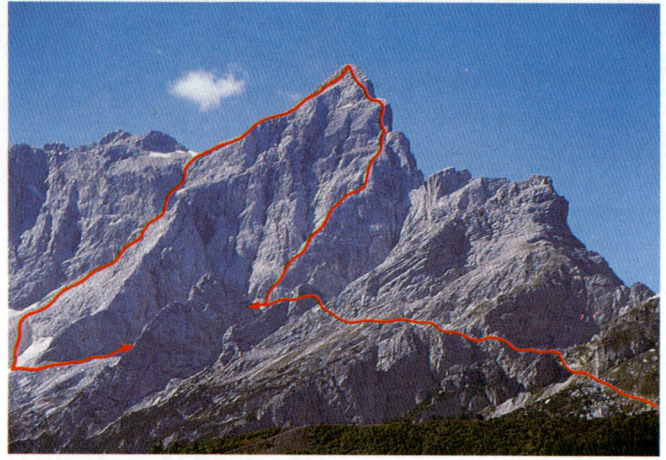

Monte Civetta von Nordosten

**Abstieg:** Vom Gipfel folgt man der roten Markierung, über steiles Geröll (Steinschlag!) hinunter zum Rif. M. V. Torrani, 2.984 m. Weiter über geneigte Platten und Schotterbänder - teilweise gesichert - auf Weg Nr. 558 zum »Sentiero Tivan« und zurück zum Ausgangspunkt.

**Bemerkung:** Eine großartige Überschreitung der Civetta bietet der Aufstieg über die »Via ferrata degli Alleghesi« und der Abstieg über die »Via ferrata Attilio Tissi« zum Rifugio Vazzoler, 1.714 m.

**⑩ Via ferrata Attilio Tissi**
Monte Civetta, 3.220 m (Civettagruppe)

**Schwierigkeit:** Besonders schwieriger Klettersteig
**Ausgangspunkte:** Listolade, 701 m, Parkplatz bei der Capanna Trieste, 1.135 m, im Valle Corpassa
**Stützpunkt:** Rifugio Vazzoler, 1.714 m
**Höhenmeter:** Aufstieg: ca. 1.500 m ab Rifugio Vazzoler
Abstieg: ca. 2.100 m bis Parkplatz
Klettersteig: ca. 400 m
**Gehzeit:** Aufstieg: Capanna Trieste – Rifugio Vazzoler, ca. 2 Std.; Rifugio Vazzoler – Monte Civetta, ca. 4–5 Std.
Abstieg: Wie Aufstieg, oder wie bei der Ferrata Alleghesi zum Rifugio Coldai, ca. 4 Std. Klettersteig: ca. 1½ Std.
**Hinweis:** Nur bei sicherem Wetter anzuraten. Im Frühsommer Pickel oder Steigeisen von Vorteil.

**Aufstieg:** Von der Capanna Trieste, 1.135 m, im Valle Corpassa auf Weg Nr. 555 zum Rifugio Vazzoler, 1.714 m (Übernachtung). Von dort auf Weg Nr. 554 zurück bis zur Abzweigung von Weg Nr. 558. Durch das Hochkar Van delle Sasse nach ca. 3 Std. zum neuen Einstieg. Über aus-

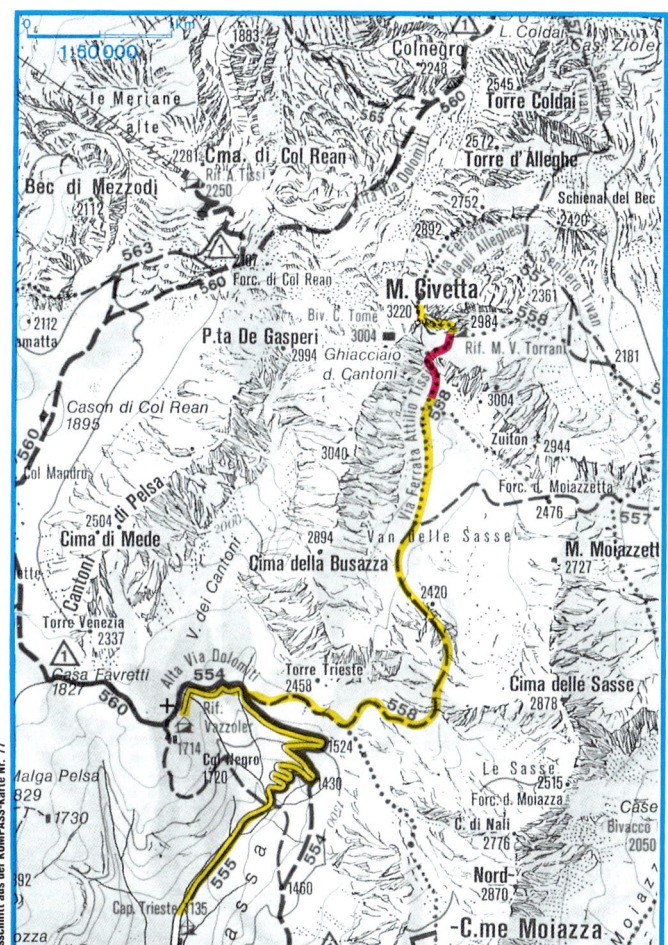

gesetzte Wandstellen und Platten (neuer Verlauf), immer gut abgesichert mit Drahtseilen und Klammern, erreicht man über die Südseite der Civetta das Rifugio M. V. Torrani, 2.984 m, und den Gipfel des Monte Civetta, 3.220 m.

**Abstieg:** a) wie Aufstieg

b) Normalweg Nr. 558 nach Osten zum »Sentiero Tivan« (teilweise versichert)

c) Alleghesi-Klettersteig (lang und ausgesetzt - Kletterstellen bis I-II im Abstieg)

Monte Civetta von Süden

**Bemerkung:** Sehr schöne Bergfahrt in Verbindung mit der Umrundung der Civettagruppe (2 Tage). Rifugio Vazzoler – Rifugio M. V. Torrani – Rifugio A. Sonino al Coldai (Übernachtung) – Rifugio Tissi – Rifugio Vazzoler.

**⑪ Via ferrata Monte Pelsa – Fiamme Gialle**
La Palazza Alta, 2.255 m (Civettagruppe)

**Schwierigkeit:** Besonders schwieriger Klettersteig
**Ausgangspunkte:** Cencenighe Agordino, 774 m – Bastiani, 971 m
**Stützpunkt:** Cencenighe Agordino
**Höhenmeter:** Aufstieg: ca. 1.300 m
Abstieg: ca. 1.300 m
Klettersteig: ca. 500 m
**Gehzeit:** Aufstieg: Bastiani – La Palazza Alta, ca. 4–5 Std.
Abstieg: La Palazza Alta – Forcella Col Mandro – Bastiani, ca. 3–4 Std.
Klettersteig: ca. 2 Std.
**Hinweis:** Schöner, noch nicht überlaufener Klettersteig mit einzigartigem Tiefblick ins Val Cordévole.

**Aufstieg:** Von Cencenighe Agordino, 774 m, auf schmaler Straße hinauf zum kleinen Bergdörfchen Bastiani, 971 m, ca. 3 km. Die ersten 800 Höhenmeter führen zuerst entlang eines Fahrweges dann nach links durch den Wald und später über gesicherte Felsbänder und Latschenhänge – anstrengend – zum Einstieg auf ca. 1.770 m (2½ Std.). Die anschließende Kletterei über kleingriffige, senkrechte Wandstufen, Rinnen, Kamine, Verschneidungen und Kanten bis zum Gipfel entschädigt für den langen, kraftraubenden Zustieg. Die Route ist durchwegs gut abgesichert, aber sehr ausgesetzt.

**Abstieg:** Vom Gipfel nördlich über den Steig hinunter in eine Scharte. Nun nach links (Weg Nr. 562) in die Westflanke des Bergstockes – immer genau auf die Markierung achtend – in teilweise leichter Kletterei

Ausschnitt aus der KOMPASS-Karte Nr. 77

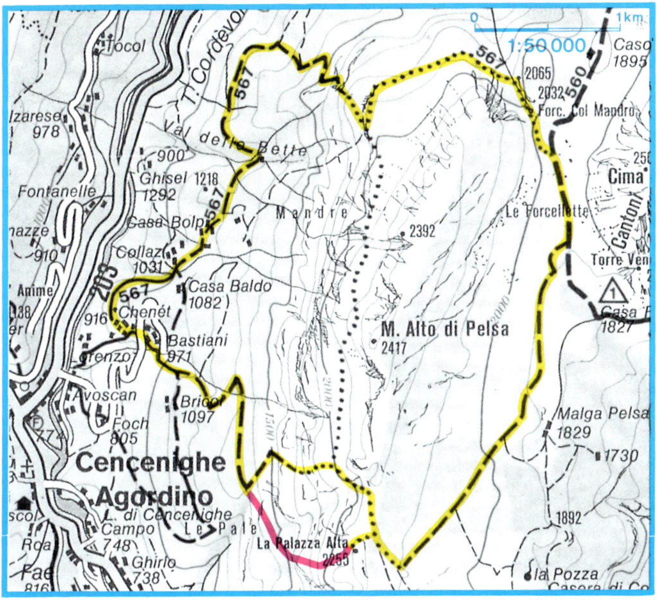


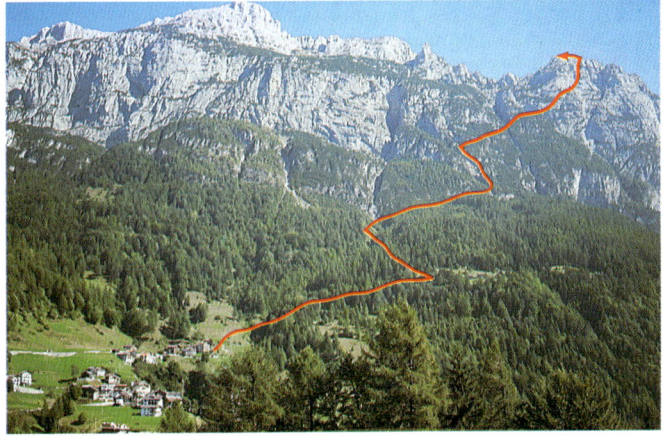

(Schrofengelände) hinunter in den Wald, wo man auf den Aufstiegsweg und über diesen wieder zurück zum Ausgangspunkt gelangt (ca. $2^1/_2$–3 Std.). Der zweite Weg ist landschaftlich schöner, aber auch länger und führt zuerst bei der Wegabzweigung nach rechts (Osten) in Richtung Vazzoler-Hütte. Über Le Forcellette und Forc. Col Mandro, 2.032 m, wandern wir auf Weg Nr. 567 zurück zum Ausgangspunkt.

Monte Pelsa von Cencenighe Agordino

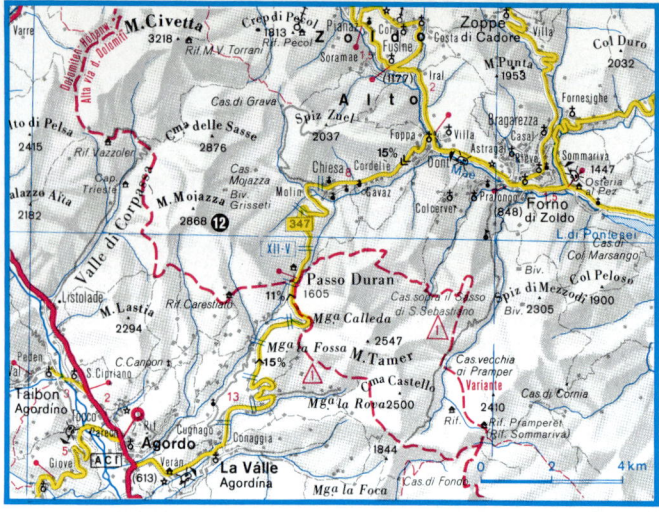

Wie im vorherigen Abschnitt erwähnt, schließt dieser Gebirgszug südlich an die Civetta an und weist deshalb auch dieselben zusammenhän-
genden Felsstrukturen auf. Die Cima Moiazza Sud ist mit 2.878 m die
höchste Erhebung und fällt in leichtem Bogen nach Osten ab, wo die
Cima delle Masenade den schönen und einzigen Klettersteig birgt. Ob-
wohl das Massiv sehr klein ist, bieten zwei Biwakschachteln Unterschlupf, und am südlichen Fuß der Felsen befinden sich zwei Schutzhütten. Diese Übernachtungsmöglichkeiten haben ihre volle Berechti-
gung wenn man die relativ langen Anmarschwege aus dem Cordevoltal
betrachtet. Mit dem Auto kann man jedoch vom südlichen Agordo aus
über La Valle und den Duranpaß sehr nahe an die Felsgruppe kommen.
Sollte jemand den Abstieg zu den Hütten nicht mehr schaffen, steht eine
Biwakschachtel südwestlich der Cima Moiazza Sud zur Verfügung und
in nordöstlicher Richtung birgt das auslaufende Valle Moiazza ebenfalls eine solche Unterkunft. Auf der anderen Seite führt die erwähnte
Straße ins tiefer gelegene Zoldo Alto und tangiert dabei einige kleine
Orte, die ebenfalls sehr nahe am Massiv liegen. Ein sehr schöner Abschnitt des Dolomitenhöhenweges 1 schlängelt sich westlich am Fuß
der Felsen vorbei zum Civettamassiv und weist immer wieder Abzwei-
gungen in die Moiazza auf. Diese Gruppe rangiert hinter anderen Do-
lomitengebieten lediglich in ihren Ausdehnungen. Aber es ist nun einmal die Wuchtigkeit, die in erster Linie auffällt, und so stehen diese
kompakten Felspyramiden der Moiazza kaum im Schatten der großen,
anschließenden Civetta. Die Schwierigkeiten der »Via ferrata Gianni
Costantini« über die Südflanke der Cima delle Masenade sind den Steigen in der berühmteren Civettagruppe ebenbürtig. Diese schöne, aber

schwierige Begehung in Verbindung mit der Gratüberquerung zur Cima Moiazza Sud, 2.878 m, bleibt wohl für jeden versierten Klettersteigebenutzer der Wunschtraum, ist sie doch in bezug auf Länge, Höhe und Ausdauer der schwierigste aller Dolomiten-Klettersteige.

## Klettersteig in der Moiazzagruppe

### ⑫ Via ferrata Gianni Costantini
Cresta delle Masenade, 2.740 m – Cima Moiazza Sud, 2.878 m
(Moiazzagruppe)

**Schwierigkeit:** Besonders schwieriger Klettersteig
**Ausgangspunkt:** Passo Duran, 1.601 m
**Stützpunkte:** Rifugio Passo Duran, 1.601 m; Rifugio Bruto Carestiato, 1.834 m; Bivacco Moiazza, 2.601 m
**Höhenmeter:** Aufstieg: ca. 1.400 m
Abstieg: ca. 1.400 m
Klettersteig: ca. 1.500 m
**Gehzeit:** Aufstieg: Passo Duran – Cresta delle Masenade – Cima Moiazza Sud, ca. 6–7 Std.
Abstieg: Cima Moiazza Sud – Bivacco Moiazza – Van dei Cantoi – Passo Duran, ca. 3–4 Std.
Klettersteig: ca. 7 Std.
**Hinweis:** Der Costantiniweg wird als der zur Zeit schwerste Klettersteig »gehandelt«. Hier treffen alle Superlative zusammen: Höhe, Länge, alpine Umgebung, Ausgesetztheit usw. Bei Vereisung, Schneelage und unsicherem Wetter ist von einer Begehung unbedingt abzuraten.

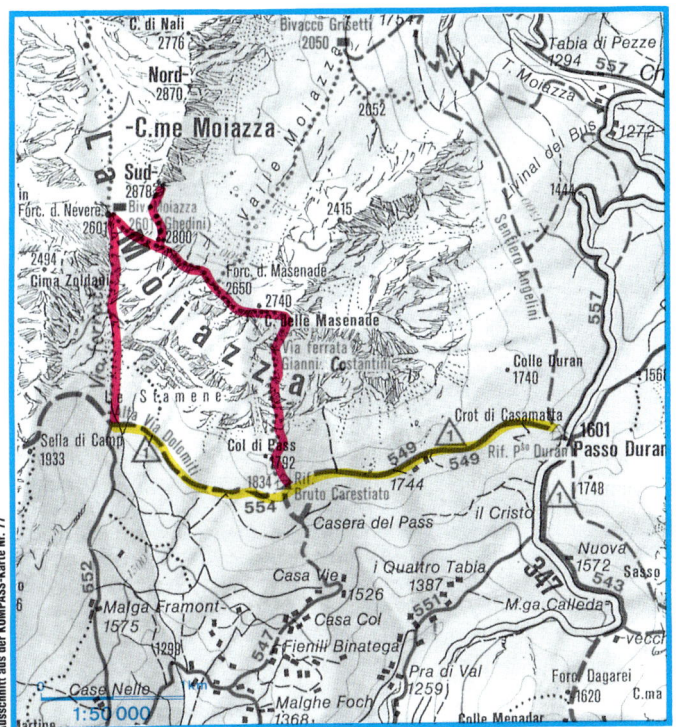

Ausschnitt aus der KOMPASS-Karte Nr. 77

1:50 000

**Aufstieg:** Vom Passo Duran, 1.601 m, wandert man auf Weg Nr. 549, zugleich »Alta Via delle Dolomiti 1«, zum Rifugio Bruto Carestiato, 1.834 m, ca. 1 Std. Von dort erreicht man in ungefähr 10 Min. den Wandfuß der 900 m hohen Südwand der Cresta delle Masenade, 2.740 m, und zugleich den Einstieg. Über anspruchsvolle Kletterstellen, immer nur dem Drahtseil folgend, zur Schlüsselstelle, eine rund 10 m hohe, senkrechte und völlig trittlose Wand, die man schräg links hinauf nur mit Hilfe eines Drahtseiles überwindet. Weiter durch Kamine, Wandstellen und Schluchten auf die Cima Cattedrale, 2.557 m. Der Weg führt nun

Cima Moiazza Sud und Cresta delle Masenade von Süden

über den geröllbedeckten Grat nach Westen, wo man von der Forcella d. Masenade, 2.650 m, ins Valle Moiazza (Bivacco Grisetti, 2.050 m – Notabstieg, Vorsicht bei Nebel!) und über den »Sentiero Angelini« zurück zum Passo Duran absteigen kann. Den »Costantiniweg« weiter bis zur Südostschulter der Moiazza Sud, 2.878 m. Von dort über den gesicherten, aber ausgesetzten Südgrat zur Cima Moiazza Sud, 2.878 m.

**Abstieg:** Zurück wieder bis zur Südostschulter, wo das berühmte und einzigartige »Engelsband« (Cengia Angelini) erreicht wird. Am Ende des Bandes (herrlicher Blick zur Civetta) steigt man über Geröllbänder und Schneereste hinunter zur Forcella d. Nevere, 2.601 m (Bivacco Moiazza). Hier geht es westlich der Schlucht »Lavina dei Cantoi« steil nach Süden. An Drahtseilen, über Felsabsätze, Platten und Geröll in das Van dei Cantoi, bis man auf den von rechts kommenden Weg mit der Nr. 554 oder »Alta Via delle Dolomiti 1« trifft. Man folgt dem Weg nach Osten bis zum Rifugio Bruto Carestiato, 1.834 m, und Passo Duran, 1.601 m.

**Bemerkung:** Diese einzigartige Bergfahrt ist in bezug auf landschaftliche Schönheit, Kletteranforderungen und Klettersteiganlage ein besonderes Erlebnis, ja Ereignis.

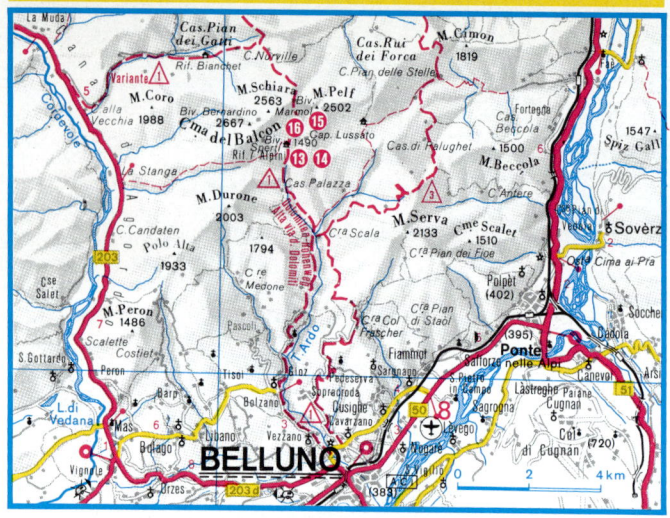

Am Südrand der Dolomiten gelegen, ohne Dreitausender, sind die kompakteren, weniger tief zerrissenen Felsformen teilweise den Karnischen Voralpen ähnlicher als den Dolomiten, büßen aber deshalb nichts von ihrem Kletterwert ein – im Gegenteil. Betrachtet man die klare Form, bestehend aus dem nördlichen Hauptmassiv und den beiden Ausläufern nach Süden, so ist es schwer zu verstehen, warum diese prächtige Berggruppe bis in die sechziger Jahre ein relatives Mauerblümchendasein führte. Vielleicht war es die Nähe der Stadt Belluno, die mit ihren vielfältigen Möglichkeiten das Interesse der Besucher auf sich zog und so dem Massiv die Bedeutung nahm. Heute ist der Monte Schiara, 2.565 m, mit seiner 700 m hohen, gewaltigen Südwand und dem herrlichen Gipfelpanorama in Bergsteigerkreisen ein Begriff und bildet die prächtige Kulisse für das Ende des Talkessels aus Blickrichtung Belluno. An klaren Tagen sieht man von seiner Spitze aus viele Dolomitengipfel und sogar die Adria. Die 1878 erstmals erstiegene Schiara gilt als Dorado der Kletterer, sowohl für den Extremisten, als auch für den Klettersteiggeher, dem sie allein vier anspruchsvolle Anstiege bietet. 1920 wurde die erwähnte Südwand erstmals bezwungen, ungefähr entlang der Linie, auf der in den fünfziger Jahren zwei Klettersteige entstanden, und es dauerte bis zum Ende der sechziger Jahre, bis die wichtigsten Gipfel und Wände als bestiegen galten. In diesem Zusammenhang darf die Erwähnung des Burél nicht fehlen, der westlichsten Erhebung des Schiaramassivs, dessen weit über 1.000 m hohe Südwestwand in den Alpen ihresgleichen sucht und auch routinierten Bergsteigern immer wieder Ehrfurcht einflößt. Die meist direkten Anstiege überwinden zwischen herrlichen Felskulissen Höhen von 600 bis 1.500 m, und die Steige, die aus den Tälern kommen, sind durch ihre steilen Teilstücke beinahe selbst als Routen zu bezeichnen. Heute sind 3 Biwakschachteln und 2 Schutzhütten vorhanden, eine davon ist das bekannte Rifugio 7° Alpini. Als Talstützpunkte sollen nur die 3 bedeutendsten Orte in der Umgebung genannt werden, Belluno im Süden, Agordo im Westen und im Osten Longarone, das 1963 durch eine Flutwelle des Vaiont-Stausees zerstört wurde. Die erhaltene Ursprünglichkeit des Gebietes hat zur Errichtung des Nationalparks »Dolomiti-Bellunese« geführt, und auch die Durchquerung des Bergstockes auf dem »Dolomiten-Höhenweg 1« trägt der prächtigen Bergkulisse Rechnung.

## Klettersteige in der Schiaragruppe

**13 Via ferrata Sperti**
Bivacco Ugo Dalla Bernardina, 2.320 m (Schiaragruppe)

**Schwierigkeit:** Schwieriger Klettersteig
**Ausgangspunkte:** Belluno, 373 m – Case Bortot, 749 m
**Stützpunkt:** Rifugio 7° Alpini, 1.491 m
**Höhenmeter:** Aufstieg: ca. 1.600 m
Abstieg: ca. 1.600 m
Klettersteig: ca. 600 m
**Gehzeit:** Aufstieg: Case Bortot – Bivacco Ugo Dalla Bernardina, ca. 7 Std.
Abstieg: Bivacco Ugo Dalla Bernardina – Case Bortot, ca. 6 Std.
Klettersteig: ca. 6 Std.
**Karte:** siehe Seite 43
**Hinweis:** Alle 4 Klettersteige in der Schiaragruppe lassen sich, je nach Kondition, unterschiedlich miteinander verbinden.

Aufstieg zum Monte Schiara

**Aufstieg:** Von Belluno auf der Straße nach Bolzano Bellunese und weiter zur Case Bortot, 749 m (Gasthaus und Parkplatz). Von dort auf breitem Weg mit der Markierung Nr. 501, zugleich identisch mit dem »Alta

Via delle Dolomiti Nr. 1«, durch das Val Ardo zum Rifugio 7° Alpini, 1.491 m. Herrliche Lage unter der Südwand des Monte Schiara. Von der Hütte zuerst auf Weg Nr. 502. Bei der Weggabelung nach rechts auf Weg Nr. 504 zum Einstieg in ca. 1.800 m Höhe. Mit Hilfe von Eisenklammern, Leitern und Drahtseilen erreicht man zuerst das Bivacco Sperti, ca. 2.100 m, steigt dann weiter durch eine Schlucht und eine sehr steile Wand hinauf zur Forcella Sperti, ca. 2.250 m. Nun über Bänder, Rinnen und Scharten im Auf und Ab zum Bivacco Ugo Dalla Bernardina, 2.320 m. Dieser Teil ist nur teilweise gesichert und besitzt den Charakter eines Höhenweges.

**Abstieg:** Gleich wie Aufstieg oder über die »Via ferrata Zacchi« zurück zum Rifugio 7° Alpini, 1.491 m, ca. 3 Std.

**Bemerkung:** Der Abstieg über die »Via ferrata Sperti« ist leichter, dafür aber länger als über die »Via ferrata Zacchi«.

 **Via ferrata Zacchi**
Bivacco Ugo Dalla Bernardina, 2.320 m (Schiaragruppe)

**Schwierigkeit:** Schwieriger Klettersteig
**Ausgangspunkte:** Belluno, 373 m – Case Bortot, 749 m
**Stützpunkt:** Rifugio 7° Alpini, 1.491 m
**Höhenmeter:** Aufstieg: ca. 1.600 m
Abstieg: ca. 1.600 m
Klettersteig: ca. 500 m
**Gehzeit:** Aufstieg: Case Bortot – Bivacco Ugo Dalla Bernardina, ca. 6 Std.
Abstieg: Bivacco Ugo Dalla Bernardina – Case Bortot, ca. 4 Std.
Klettersteig: ca. 6 Std.
**Hinweis:** Alle 4 Klettersteige in der Schiaragruppe lassen sich, je nach Kondition, unterschiedlich miteinander verbinden.

Bivacco Ugo Dalla Bernardina

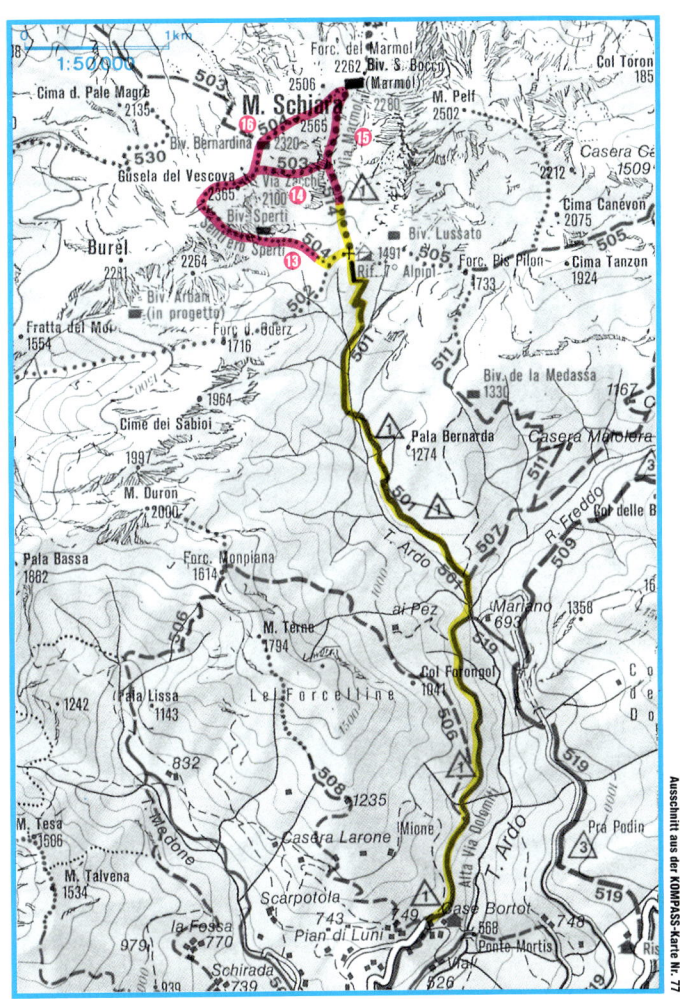

**Aufstieg:** Von Belluno auf der Straße nach Bolzano Bellunese und weiter zur Case Bortot, 749 m (Gasthaus und Parkplatz). Von dort auf breitem Weg mit der Markierung Nr. 501, zugleich identisch mit dem »Alta Via delle Dolomiti Nr. 1«, durch das Val Ardo zum Rifugio 7° Alpini, 1.491 m. Herrliche Lage unter der Südwand des Monte Schiara. Zuerst auf den Wegen Nr. 514 und Nr. 503 über Grashänge mit einzelnen Buchen zum Einstieg (ca. 1.800 m). Bis zur Abzweigung benützt man den gleichen Weg wie zur »Via ferrata Marmól«. Links ab durch einen senkrechten, anstrengenden Kamin in leichteres Schrofengelände. Nun befindet man sich im zentralen Teil der Südwand des Monte Schiara. Mit Hilfe von Eisenbügeln und Leitern erreicht man das Zacchi-Band (schwierigster Teil – luftig und ausgesetzt). Dieses verfolgt man über gute Sicherungen bis zum Bivacco Ugo Dalla Bernardina, 2.320 m. Gegenüber ragt die schlanke Felsnadel der Gusela del Vescova auf.

**Abstieg:** Gleich wie Aufstieg oder über die »Via ferrata Berti« auf den Monte Schiara, 2.565 m, und der »Via ferrata Marmól« zurück zum Rifugio 7° Alpini, 1.491 m, ca. 4$^1/_2$ Std. Eine andere Abstiegsvariante ist die »Via ferrata Sperti«, ca. 3$^1/_2$ Std.

**Bemerkung:** Die »Via ferrata Zacchi« ist der schwierigste, aber auch schönste Klettersteig der Schiaragruppe.

### 🔴15 Via ferrata Marmól
Bivacco S. Bocco (Marmól), 2.280 m (Schiaragruppe)

**Schwierigkeit:** Schwieriger Klettersteig
**Ausgangspunkte:** Belluno, 373 m – Case Bortot, 749 m
**Stützpunkt:** Rifugio 7° Alpini, 1.491 m
**Höhenmeter:** Aufstieg: ca. 1.500 m
Abstieg: ca. 1.500 m
Klettersteig: ca. 500 m
**Gehzeit:** Aufstieg: Case Bortot – Bivacco S. Bocco (Marmól), ca. 6 Std.
Abstieg: Bivacco S. Bocco (Marmól) – Case Bortot, ca. 4 Std.
Klettersteig: ca. 6 Std.

Aufstieg zum Monte Schiara

**Karte:** siehe Seite 43
**Hinweis:** Alle 4 Klettersteige in der Schiaragruppe lassen sich, je nach Kondition, unterschiedlich miteinander verbinden.

**Aufstieg:** Von Belluno auf der Straße nach Bolzano Bellunese und weiter zur Case Bortot, 749 m (Gasthaus und Parkplatz). Von dort auf breitem Weg mit der Markierung Nr. 501, zugleich identisch mit dem »Alta Via delle Dolomiti Nr. 1«, durch das Val Ardo zum Rifugio 7° Alpini, 1.491 m. Großartige Lage unter der Südwand des Monte Schiara. Erst auf den Wegen Nr. 524 und Nr. 503 über Grashänge mit einzelnen Buchen zum Einstieg auf ca. 1.800 m. Im unteren Teil steigt man auf der »Via ferrata Zacchi« über Drahtseile und Leitern empor bis zur Abzweigung der »Via ferrata Marmól«. Über Schrofenbänder und luftige Wandstellen, zum Schluß ohne Schwierigkeiten, immer auf Weg Nr. 514 hinauf zum Bivacco S. Bocco (Marmól), 2.280 m.

**Abstieg:** Gleich wie Aufstieg, oder Überschreitung des Monte Schiara, 2.565 m, auf der »Via ferrata Berti«.

**Bemerkung:** Dieser Klettersteig ersetzt den stark steinschlaggefährdeten, alten Weg Nr. 514 vom Rifugio 7° Alpini, 1.491 m, zur Forcella Marmól, 2.262 m. Die »Via ferrata Marmól« wurde wiederum mit Nr. 514, roten Punkten und blauen Dreiecken markiert. Vorsicht bei Nebel!

**⑯ Via ferrata Berti**
Monte Schiara, 2.565 m (Schiaragruppe)

**Schwierigkeit:** Schwieriger Klettersteig
**Ausgangspunkte:** Belluno, 373 m — Case Bortot, 749 m
**Stützpunkt:** Rifugio 7° Alpini, 1.491 m
**Höhenmeter:** Aufstieg: ca. 1.800 m
Abstieg: ca. 1.800 m
Klettersteig: ca. 900 m
**Gehzeit:** Aufstieg: Case Bortot — Via ferrata Sperti — Monte Schiara, ca. 7 Std. oder Case Bortot — Via ferrata Zacchi — Monte Schiara, ca. 6 Std.
Abstieg: Monte Schiara — Via ferrata Marmól — Case Bortot, ca. 5 Std.
Klettersteig: ca. 7—8 Std.
**Karte:** siehe Seite 43
**Hinweis:** Nur bei absolut sicherem Wetter begehen! Immer auf deutliche Markierung achten!

**Aufstieg:** Entweder wie auf der »Via ferrata Sperti« oder »Via ferrata Zacchi« zum Bivacco Ugo Dalla Bernardino, 2.320 m. Von dort über die gestufte Westflanke, die mit Drahtseilen und Leitern gesichert ist, auf den Gipfel des Monte Schiara, 2.565 m. Dieser Weg ist nicht so ausgesetzt wie die »Via ferrata Zacchi«, aber etwas verwickelter und komplizierter in der Wegführung. Genau auf Markierung achten, dann gibt es keine Probleme!

**Abstieg:** Über den markierten, schmalen, aber gut begehbaren Ostgrat und zuletzt über den Ostrücken der Schiara hinunter zum Weg Nr. 514. Bei der Weggabelung hält man sich nach rechts und erreicht über eine gesicherte Steilstufe das Bivacco S. Bocco (Marmól), 2.280 m. Von dort über die »Via ferrata Marmól« zurück zum Ausgangspunkt.

**Bemerkung:** Diese Ferrata führt auf den höchsten Punkt der Schiaragruppe. Bei schönem, klarem Wetter sollte man im Südosten die Adria erblicken.

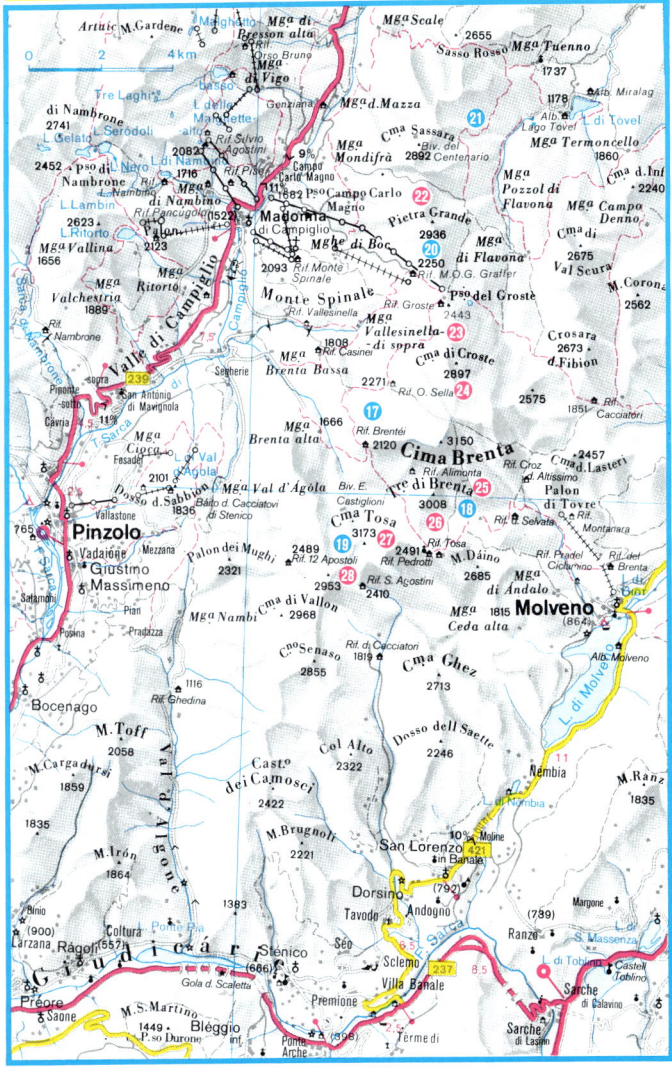

Sie liegt nicht mehr im eigentlichen Dolomitengebiet, sondern südwestlich davon, auf der anderen Seite des Etschtales, wird aber den bekanntesten Gebirgsgruppen der Südalpen zugerechnet. Gute 25 km
lang ist der eigentliche Felskamm, der sich im südlichen Drittel in zwei

Brentagruppe mit »Guglia« von Osten

Äste spaltet und so die Gewaltigkeit des Massivs noch steigert. Im wesentlichen beinhaltet die Brentagruppe die gleiche Charakteristik wie andere Dolomitengruppen auch, doch ist alles in ihr größer und deutlicher ausgeprägt als anderswo. Die Spitzen und Türme sind vielfältigst geformt, die Grate und Schluchten an Zerrissenheit kaum zu überbieten, und dazwischen bilden immer wieder kolossale Wände einen eindrucksvollen Übergang. Kleine Gletscher an der Westseite des Hauptkammes, viele Sturzbäche und eine artenreiche Vegetation vervollständigen das grandiose Bild, das von schönen Seen mitgestaltet wird. Es ist in den Dolomiten immer schwierig, die einzelnen Gruppen zu bewerten und nach Beurteilung verschiedener Kriterien eine der anderen vorzuziehen, doch nennen Erfahrene, nach ihrem Lieblingsgebiet befragt, immer wieder die Brentagruppe. Sie ist heute das Mekka der Kletterer, denen sie alle Schwierigkeitsgrade und Variationsmöglichkeiten bietet, dem Wanderer von allen Seiten prächtige Kulisse, und wer ihre Schönheit einmal näher kennengelernt hat, wird immer wieder hierher zurückkommen. Das zerfurchte Antlitz des nördlichen Teils glättet sich im Süden etwas, doch wechseln durch die ganze Gruppe der Gegensatz von Wucht und Leichtigkeit in ihren vielfältigsten Formen. Im Mittelpunkt befinden sich die Hauptgipfel Cima di Brenta, 3.150 m, die Cima Tosa, 3.173 m, und die berühmte Campanile Basso »Guglia«, 2.877 m, eine 300 m hohe, alleinstehende Felsnadel, wobei nur einige der bekanntesten Erhebungen genannt wurden. Die stärkste Vergletscherung weist die Cima d'Ambiez auf. Bergsteigerisch sind die Eisfelder ohne Bedeutung, sie gestalten aber den Anblick der Gruppe noch kontrastreicher. 1864 begann die alpine Erschließung, die mit dem Errichten der berühmten Brenta-Klettersteige (Höhenwege) ihre Krönung fand. Die im Laufe von vielen tausend Jahren durch natürliche Abtragung entstandenen waagrechten Felsbänder boten sich zum Ausbau geradezu an. So entstand durch Verbreiterungen und durch das Anbringen von Leitern und Drahtseilen ein zusammenhängendes Wegenetz mit vielen Varianten, das Bergsteiger mit unterschiedlichstem Können anlockt. Die in einer durchschnittlichen Höhe von ca. 2.500 bis 3.000 m verlaufenden Höhenwege dürfen, trotz der vielen vorhandenen Sicherungen, nicht unterschätzt werden (Höhe, Wetter usw.), wie überhaupt in den gesamten Dolomiten ein Verlassen der gekennzeichneten Steige den Alpinisten in höchste Gefahr bringen kann. Der Berühmtheit des Massivs entsprechend, sind besonders im stark besuchten Zentralteil einige Schutzhütten vorhanden, und in den herrlichen Tälern laden bekannte Orte wie Madonna di Campiglio, Pinzolo, Molveno oder Andalo zur Unterkunft ein. Madonna di Campiglio ist ein idealer Ausgangspunkt, von dem aus der Anstieg mitten ins Massiv nicht weit ist, aber auch mit der Seilbahn kann von dort aus eine Höhe von über 2.400 m erreicht werden. Da die Täler zum Teil in mediterrane Klimazonen reichen, ist die Vegetation besonders artenreich. Die Mischwälder im Südosten sind ein gutes Beispiel dafür. Herrliche Seen, wie der Lago di Molveno, setzen diesem prächtigen Flecken Natur die Glanzlichter auf.

## Kürzester Zugang zu den Stützpunkten (Hütten) der Brenta-Klettersteige

### Rifugio A. Alimonta, 2.600 m

Privat, Post: Hüttenwirt Enzio Alimonta, I-38084 Madonna di Campiglio, Tel. 0465/40366, von Ende Juni bis Mitte September bewirtschaftet.

Von Madonna di Campiglio mit dem Auto zum Rifugio Vallesinella, 1.513 m. Von dort am Weg Nr. 317 zum Rifugio Casinei, 1.825 m, und weiter am Weg 318 »Sentiero Bogani« zum Rifugio dei Brentei Maria e Alberto, 2.182 m, und weiter auf Weg Nr. 305 zum Rifugio A. Alimonta, 2.600 m.

Höhenmeter: ca. 1100 m; Gehzeit: ca. 3½ Stunden.

Ausschnitt aus der KOMPASS-Karte Nr. 73

### Rifugio dei Brentei Maria e Alberto, 2.182 m

CAI, Sektion Monza, Post: Hüttenwirt Claudio Detassis, I-38084 Madonna di Campglio, Tel. 0465/41244 oder 40033, von Ende Juni bis Mitte September bewirtschaftet.

Von Madonna di Campiglio mit dem Auto bis zum Rifugio Vallesinella, 1.513 m. Von dort am Weg Nr. 317 zum Rifugio Casinei, 1.825 m, und weiter am Weg 318 »Sentiero Bogani« zum Rifugio dei Brentei Maria e Alberto, 2.182 m.
Höhenmeter: ca. 700 m; Gehzeit: ca. 2½ Stunden
Karte: siehe Seite 49

### Rifugio G. Graffer al Grosté, 2.261 m

CAI-SAT, Sektion Trient, Post: Hüttenwirt Egidio Bonapace, I-38084 Madonna di Campiglio, Tel. 0465/41358 oder 41329, von Ende Juni bis Mitte September bewirtschaftet.

Von Madonna di Campiglio mit der Funivia del Grosté (Seilbahn) zum Passo del Grosté und von dort auf breitem Weg Nr. 315 in ca. ½ Stunde hinab zum Rifugio G. Graffer al Grosté, 2.261 m.
Von Madonna di Campiglio mit dem Sessellift oder der Funivia Spinale (Seilbahn) auf den Monte Spinale und von dort auf Weg Nr. 331 zum Rifugio G. Graffer al Grosté, 2.261 m.
Höhenmeter: ca. 200 m ; Gehzeit: ca. 1 Stunde
Von Madonna di Campiglio auf Fahrweg Nr. 315 zum Rifugio G. Graffer al Grosté, 2.261 m.
Höhenmeter: ca. 700 m; Gehzeit: ca. 2½–3 Stunden
Karte: siehe Seite 49

### Rifugio del Tuckett, 2.272 m

CAI-SAT, Sektion Trient, Post: Hüttenwirt Daniele Angeli, I-38080 San Antonio Mavignola, Tel. 0465/41226 oder 57287, von Ende Juni bis Mitte September bewirtschaftet.

Von Madonna di Campiglio mit dem Auto zum Rifugio Vallesinella, 1.513 m. Von dort auf Weg Nr. 317, vorbei am Rifugio Casinei, 1.825 m, zum Rifugio del Tuckett, 2.272 m.
Höhenmeter: ca. 800 m; Gehzeit: ca. 2 Stunden
Karte: siehe Seite 49

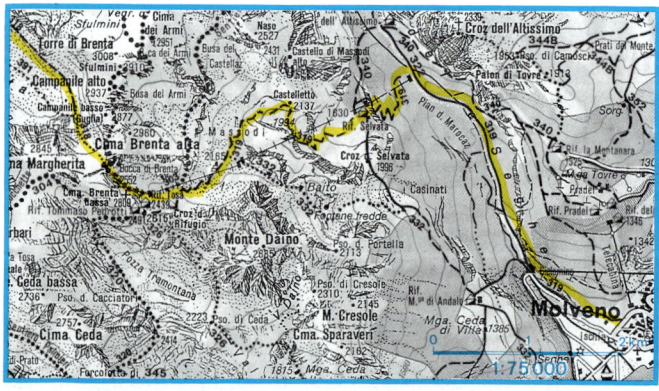

## Rifugio Tommaso Pedrotti, 2.491 m

CAI-SAT, Sektion Trient, Post: Hüttenwirt Fortunato Donini, I-38018 Molveno, Tel. 0461/948115 oder 586042, von Ende Juni bis Mitte September bewirtschaftet.

Von Madonna di Campiglio zum Rifugio Brentei Maria e Alberto, 2.182 m, und weiter auf Weg Nr. 318 durch das Val Brenta alta zur Bocca di Brenta, 2.552 m. Nun auf dem gesicherten Weg Nr. 305 hinunter zum Rifugio Tommaso Pedrotti, 2.491 m.

Höhenmeter: ca. 1.000 m; Gehzeit: ca. 4½—5 Stunden

Von Molveno auf breitem Weg Nr. 319, vorbei am Rifugio Selvata, 1.630 m, zum Schluß steil hinauf zum Rifugio Tommaso Pedrotti, 2.491 m.

Höhenmeter: ca. 1.600 m; Gehzeit: ca. 5½—6 Stunden

Karte: siehe Seite 50

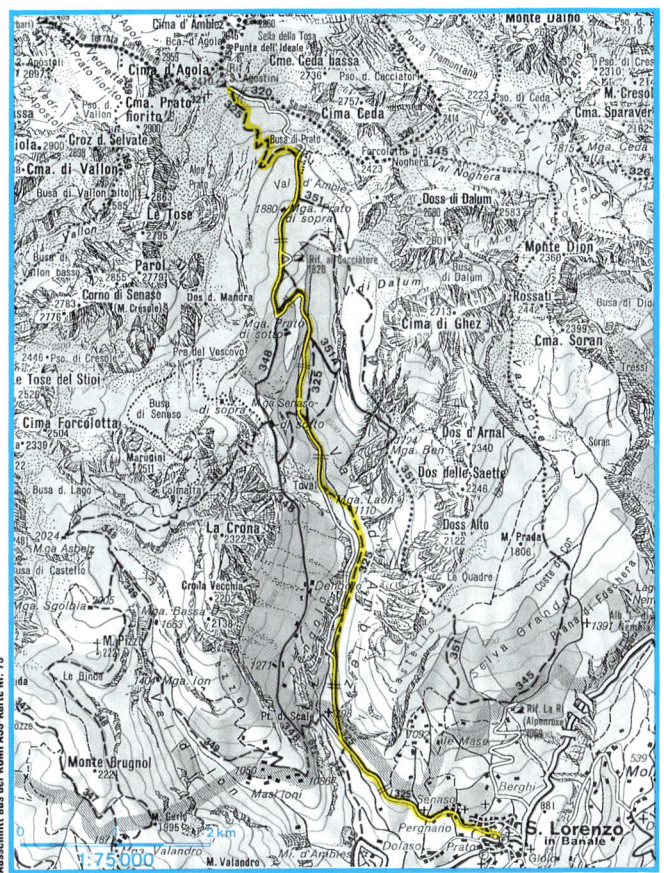

Ausschnitt aus der KOMPASS-Karte Nr. 73

## Rifugio S. Agostini, 2.410 m

CAI-SAT, Sektion Trient, Post: Hüttenwirt Roberto Cornella, I-38078 San Lorenzo in Banale,
Tel. 0465/74138 oder 74104, von Ende Juni bis Mitte September bewirtschaftet.

Von San Lorenzo in Banale auf dem für den öffentlichen Verkehr gesperrten, schmalen Fahrweg mit der Nr. 325 durch das Val d'Ambiez,
vorbei am Rifugio al Cacciatore, 1.820 m, zum Rifugio S. Agostini,
2.410 m.
Höhenmeter: ca. 900 m; Gehzeit: ca. 3½ Stunden
Karte: siehe Seite 52

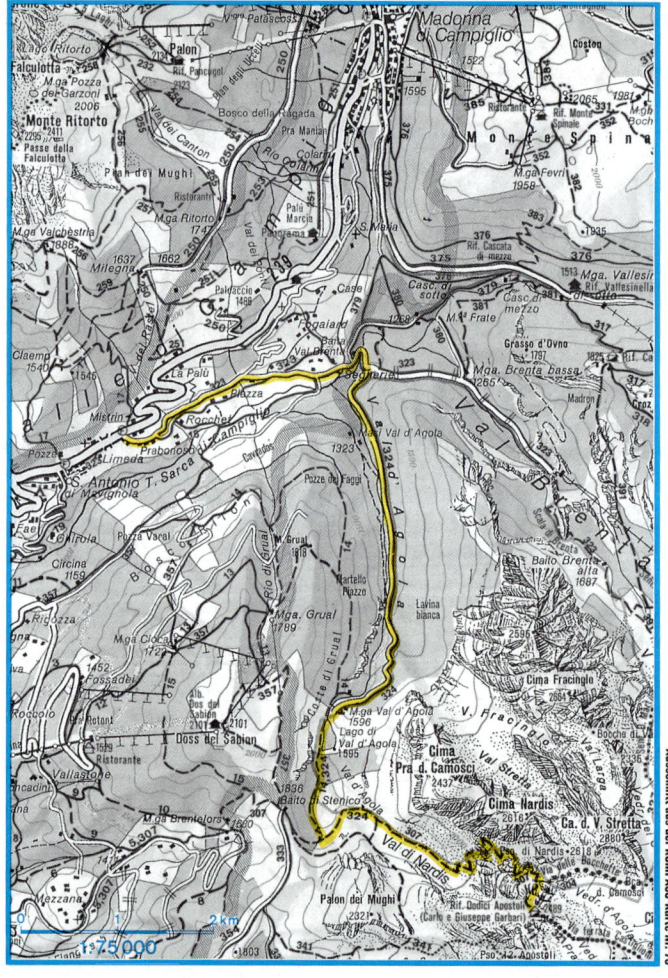

**Rifugio Garbari ai XII Apostoli, 2.488 m**

CAI-SAT, Sektion Pinzolo, Post: Hüttenwirt Nella Salvaterra, I-38086 Pinzolo, Tel. 0465/51309 oder 51321, von Ende Juni bis Mitte September bewirtschaftet.

Von Pinzolo oder Madonna di Campiglio nach Sant'Antonio di Mavignola. Von dort auf gut befahrbarer Forststraße durch das Val d'Agola aufwärts zum Lago di Val d'Agola (Malga Val d'Agola), 1.596 m. Auf Weg Nr. 324, später auf Weg Nr. 307 bergwärts zum Rifugio Garbari ai XII Apostoli, 2.488 m.
Höhenmeter: ca. 900 m; Gehzeit: ca. 3 Stunden
Karte: siehe Seite 52

Kapelle – Rifugio dei Brentei Maria e Alberto

**Tourenvorschlag: 1 Woche durch die zentrale Brentagruppe**

**1. Tag:** Auffahrt Grosté-Seilbahn von Madonna di Campiglio — Sentiero Alfredo Benini — Rifugio del Tuckett, ca. 4 Std.
**2. Tag:** Rifugio del Tuckett — Bocca del Tuckett — Sentiero delle Bocchette Alte über Cima Brenta zum Rifugio A. Alimonta, ca. 6 Std.
**3. Tag:** Rifugio A. Alimonta — Via delle Bocchette Centrale — Rifugio Tommaso Pedrotti, ca. 3¹/₂ Std.
**4. Tag:** Rifugio Tommaso Pedrotti — Sentiero Livio Brentari — Rifugio Agostini — Via ferrata Castiglioni — Rifugio Garbari ai XII Apostoli, ca. 5¹/₂ Std.
**5. Tag:** Rifugio Garbari ai XII Apostoli — Bocca di Camosci — Sentiero D. Martinazzi — Rifugio dei Brentei Maria e Alberto, ca. 3 Std.
**6. Tag:** Rifugio dei Brentei Maria e Alberto — Sentiero SOSAT - Rifugio del Tuckett — Giro del Brenta — Grosté-Seilbahn (Rifugio G. Graffer al Grosté), ca. 5¹/₂ Std.
**7. Tag:** Rifugio G. Graffer al Grosté — Sentiero Gustavo Vidi — Sentiero Claudio Costanzi — Madonna di Campiglio, ca. 11—12 Std.

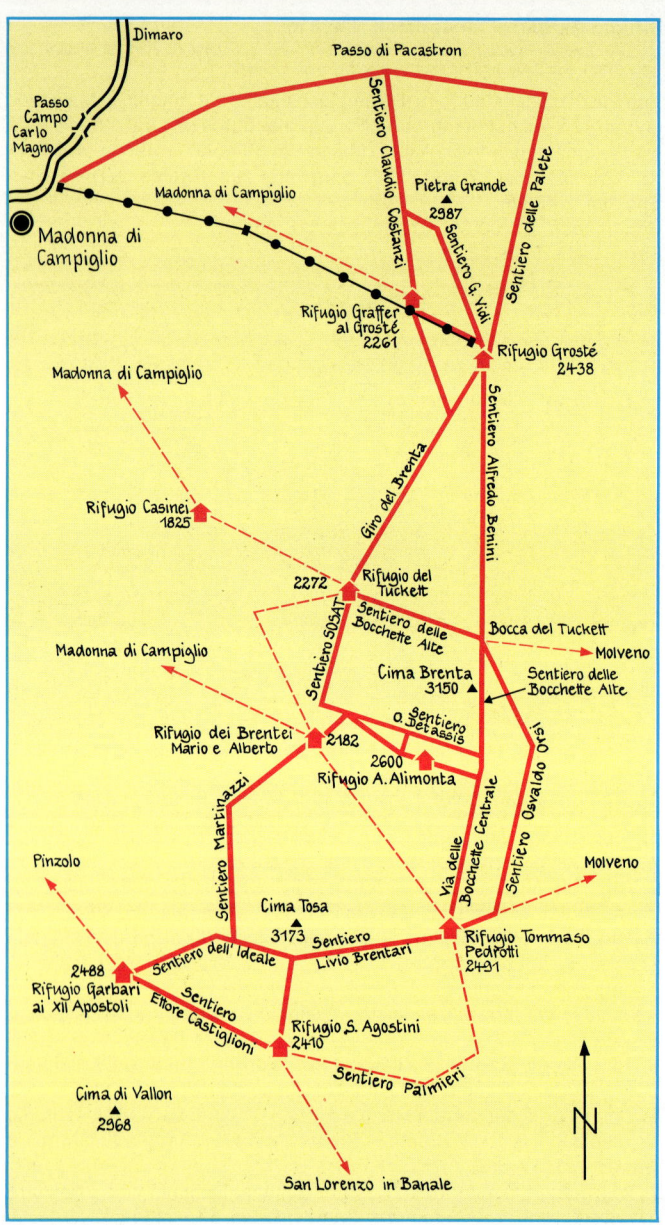

Dimaro

Passo di Pacastron

Passo Campo Carlo Magno

Madonna di Campiglio

◉ Madonna di Campiglio

Sentiero Claudio Costanzi

Pietra Grande
2987

Sentiero delle Palete

Sentiero G. Vidi

Rifugio Graffer al Grostè
2261

Rifugio Grostè
2438

Madonna di Campiglio

Rifugio Casinei
1825

Sentiero Alfredo Benini

Giro del Brenta

2272

Rifugio del Tuckett

Sentiero delle Bocchette Alte

Bocca del Tuckett

Molveno

Madonna di Campiglio

Sentiero 505A

Cima Brenta
3150

Sentiero delle Bocchette Alte

Rifugio dei Brentei Mario e Alberto

2182

a Sentiero Det assis

Rifugio A. Alimonta
2600

Via delle Bocchette Centrale

Sentiero Osvaldo Orsi

Molveno

Sentiero Martinazzi

Pinzolo

Cima Tosa
3173

Sentiero Livio Brentari

Rifugio Tommaso Pedrotti
2491

2488
Rifugio Garbari ai XII Apostoli

Sentiero dell' Ideale

Sentiero Ettore Castiglioni

Rifugio S. Agostini
2410

Sentiero Palmieri

Cima di Vallon
2968

San Lorenzo in Banale

N

# Klettersteige in der Brentagruppe

 **Sentiero SOSAT**
Rifugio del Tuckett, 2.272 m – Rifugio dei Brentei Maria e Alberto,
2.182 m – oder Rifugio A. Alimonta, 2.600 m (Brentagruppe)

**Schwierigkeit:** Leichter Klettersteig
**Ausgangspunkte:** Madonna di Campiglio, 1.550 m – Rifugio del Tuckett, 2.272 m
**Stützpunkte:** Rifugio del Tuckett, 2.272 m; Rifugio dei Brentei Maria e Alberto, 2.182 m; Rifugio A. Alimonta, 2.600 m
**Höhenmeter:** Gesamt (Aufstieg, Abstieg, Klettersteig) ca. 400 m
**Gehzeit:** Gesamt ca. 2¹/₂–3 Std.
**Hinweis:** Dieser gut gesicherte Steig ist eine leichtere Variante zum hochalpinen »Sentiero delle Bocchette Alte«.

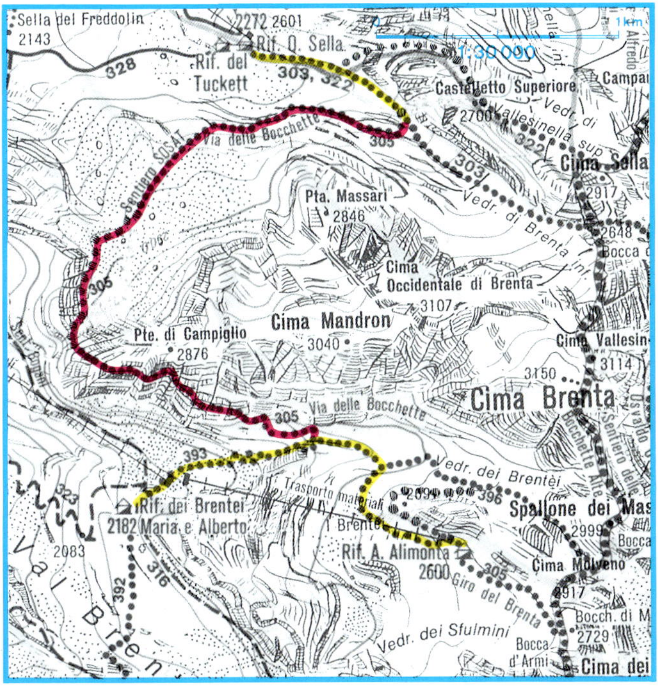

**Wegverlauf:** Vom Rifugio del Tuckett, 2.272 m, zunächst auf dem Weg
zur Bocca del Tuckett, 2.648 m, bis zur Gletschermoräne. Beim Wegweiser biegt man nach rechts ab und erreicht auf Weg Nr. 305 die erste
kurze Leiter unter den Nordabstürzen der Punta Massari, 2.846 m. Nun
südwärts durch ein riesiges Felssturzgebiet (Vorsicht bei Nebel – Markierung beachten!) zum nächsten gesicherten Abschnitt. Der Sentiero
SOSAT führt über schmale, aber gut gesicherte Felsbänder und mehrere Leitern durch die Südwand der P.te di Campiglio, 2.876 m. Bei der
Weggabelung unter den Südabstürzen der Cima Mandron, 3.040 m, auf

Am Sentiero SOSAT

ca. 2.400 m steigt man entweder auf Weg Nr. 393 westlich hinunter zum Rifugio dei Brentei Maria e Alberto, 2.182 m, oder über einige Felsstufen hinauf auf ein Karstplateau zum Rifugio A. Alimonta, 2.600 m.

**Abstieg:** Siehe unter Zugang zum Rifugio dei Brentei Maria e Alberto oder Rifugio A. Alimonta!

**Bemerkung:** Bei schlechten Verhältnissen auf dem »Sentiero delle Bocchette Alte« ist diese Variante empfehlenswerter.

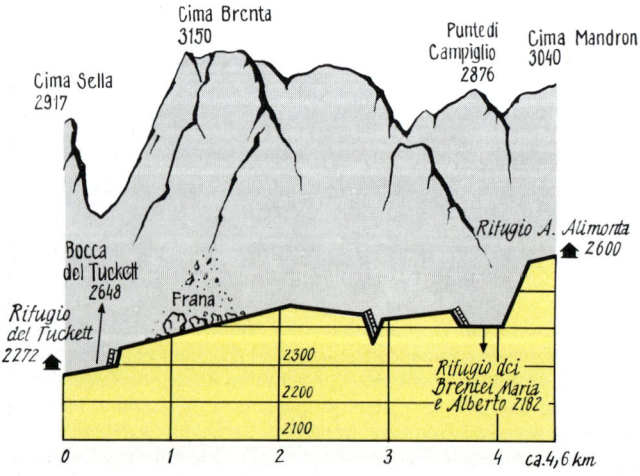

## ⑱ Sentiero Osvaldo Orsi

Rifugio del Tuckett, 2.272 m – Rifugio Tosa, 2.439 m – Rifugio Tommaso Pedrotti, 2.491 m (Brentagruppe)

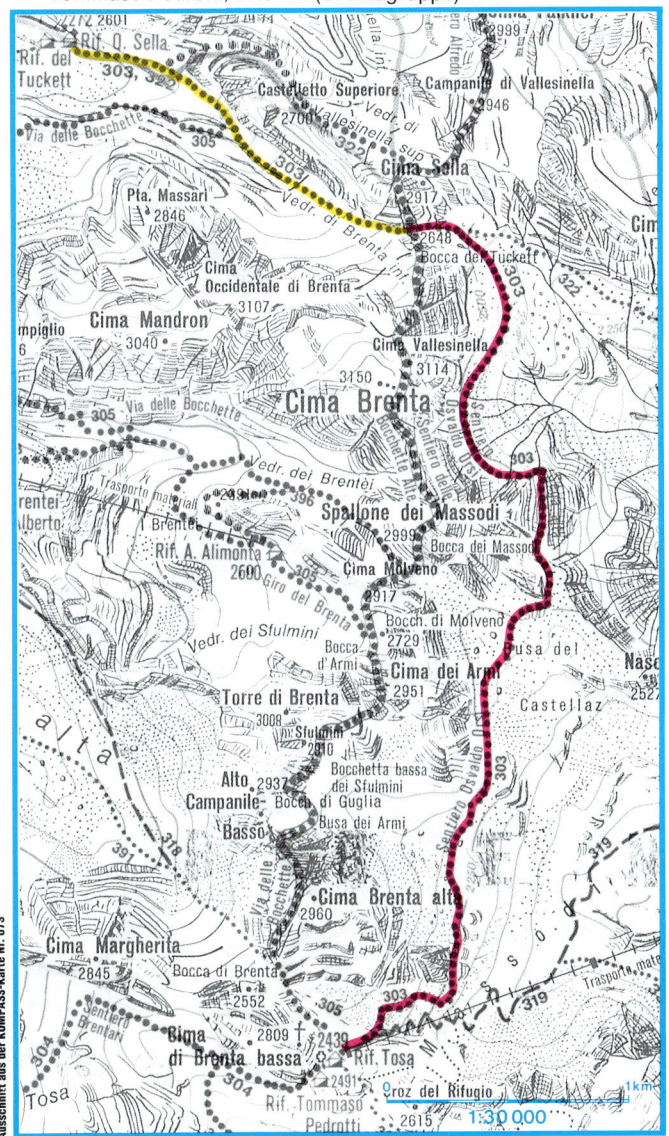

Ausschnitt aus der KOMPASS-Karte Nr. 073

**Schwierigkeit:** Leichter Klettersteig
**Ausgangspunkte:** Madonna di Campiglio, 1.550 m – Rifugio del Tuckett, 2.272 m
**Stützpunkte:** Rifugio del Tuckett, 2.272 m; Rifugio Tommaso Pedrotti, 2.491 m
**Höhenmeter:** Gesamt (Aufstieg, Abstieg, Klettersteig) ca. 400 m
**Gehzeit:** Gesamt ca. 4 Std.
**Hinweis:** Dieser herrlich angelegte, aber technisch unschwierige Höhenweg verläuft entlang dem Ostfuß der zentralen Brentagruppe. Landschaftlich großartige Höhenwanderung. Besonders eindrucksvoll erscheint die berühmte »Guglia«.

**Wegverlauf:** Vom Rifugio del Tuckett, 2.272 m, zunächst auf Weg Nr. 303 durch Latschen, dann über eine Moräne zum Vedretta di Brenta inferiore. Auf diesem steigt man ohne Schwierigkeiten hinauf zur Bocca del Tuckett, 2.648 m. Jenseits verläuft der »Sentiero Osvaldo Orsi«, Weg Nr. 303, gesichert hinab ins oberste Val Perse. Dort zweigt bei einem großen Felsklotz der Weg rechts ab. Ansteigend, dann eben führt der Weg unter der mächtigen Ostwand der Cima Brenta entlang bis zu einem kleinen markanten Felsaufbau (Sega Alta). Dieser wird rechts über die gesicherten Felsen oder durch die steile Rinne überwunden. Weiter über ein gesichertes Felsband, von dessen Ende man die berühmte Felsnadel der »Guglia« (Campanile Basso, 2.877 m) erblickt. An großen Bergsturzblöcken vorbei erreicht man die Ostflanke der Cima Brenta Alta, 2.960 m, und von dort in mehreren Serpentinen das von der Bocca di Brenta, 2.552 m, herabziehende Tal. Weiter in kurzen Aufstiegen zum Rifugio Tosa, 2.439 m, und Rifugio Tommaso Pedrotti, 2.491 m.

**Abstieg:** Siehe unter Zugang zum Rifugio Tommaso Pedrotti oder über die Bocca di Brenta, 2.552 m, und das Rifugio dei Brentei, 2.182 m, zurück zum Ausgangspunkt!

**Bemerkung:** Alle Brenta-Klettersteige kann man individuell miteinander verbinden und so von Hütte zu Hütte wandern.

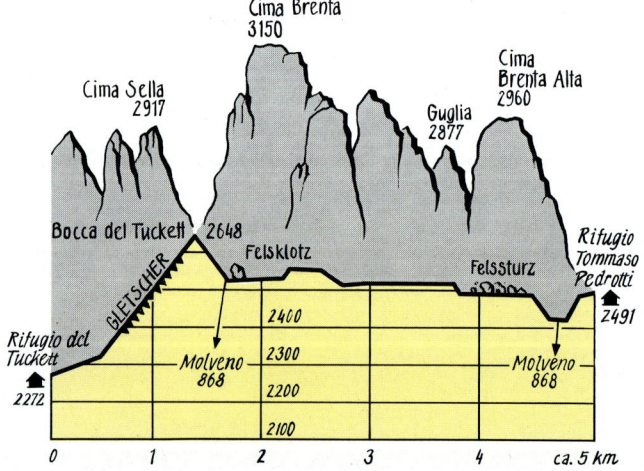

**⑲ Sentiero dell' Ideale**

Rifugio S. Agostini, 2.410 m – Rifugio Garbari ai XII Apostoli, 2.488 m (Brentagruppe)

**Schwierigkeit:** Leichter Klettersteig
**Ausgangspunkte:** S. Lorenzo in Banale, ca. 700 m – Rifugio S. Agostini, 2.410 m
**Stützpunkte:** Rifugio S. Agostini, 2.410 m; Rifugio Garbari ai XII Apostoli, 2.488 m
**Höhenmeter:** Gesamt (Aufstieg, Abstieg, Klettersteig) ca. 900 m
**Gehzeit:** Gesamt ca. 4–4½ Std.
**Hinweis:** Hochalpiner, vergletscherter Übergang. Pickel und Steigeisen von Vorteil.

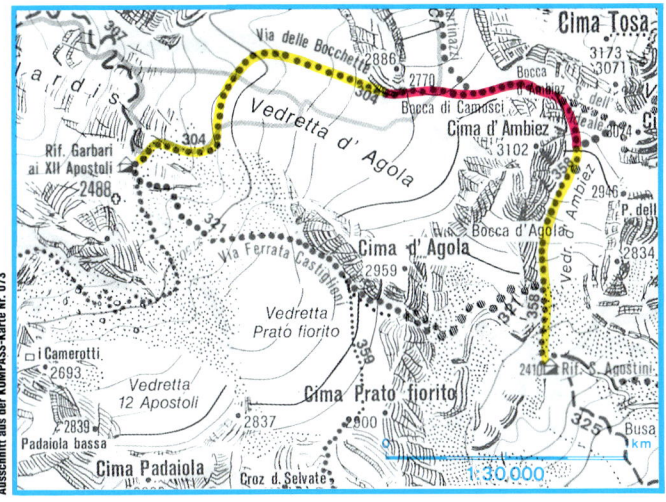

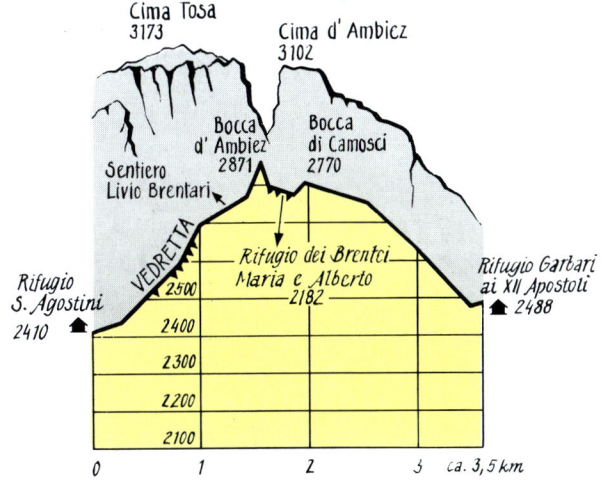

59

**Wegverlauf:** Vom Rifugio S. Agostini, 2.410 m, zunächst auf Weg Nr. 358 steil über die Vedretta d'Ambiez und zuletzt über gesicherte Felsen zur Bocca d'Ambiez, 2.871 m. Jenseits der Scharte zwischen Cima Tosa, 3.173 m, und Cima d'Ambiez, 3.102 m, geht es an Drahtseilen steil hinab zur Vedretta dei Camosci und links wieder bergauf zur Bocca di Camosci, 2.770 m. Von dort verläuft der Weg Nr. 304 über schotteriges Gelände, teilweise auf der Schulter einer Moräne, hinab zum kleinen Rifugio Garbari ai XII Apostoli, 2.488 m.

**Abstieg:** Siehe unter Zugang zum Rifugio Garbari ai XII Apostoli!

**Bemerkung:** Dieser Weg kann auch mit dem »Sentiero Livio Brentari« vom Rifugio Tommaso Pedrotti, 2.491 m, aus kombiniert werden.

**㉓ Sentiero Gustavo Vidi**
Passo del Grosté, 2.442 m – Punkt, 2.522 m – Rifugio G. Graffer al Grosté, 2.261 m (Brentagruppe)

**Schwierigkeit:** Leichter Klettersteig
**Ausgangspunkte:** Madonna di Campiglio, 1.550 m – Passo del Grosté, 2.442 m (Funivia del Grosté-Seilbahn)
**Stützpunkt:** Rifugio G. Graffer al Grosté, 2.261 m
**Höhenmeter:** Gesamt (Aufstieg, Abstieg, Klettersteig) ca. 460 m
**Gehzeit:** Gesamt ca. 3 Std.
**Hinweis:** Kurzer, leichter Klettersteig mit geringen Aufstiegshöhenmetern. Halbtagesausflug.

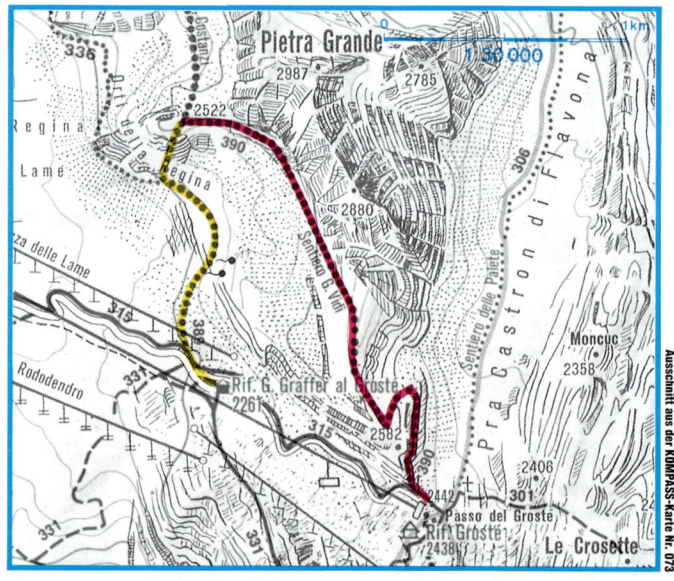

**Wegverlauf:** Von der Bergstation der Seilbahn, 2.442 m, steigt man in nordwestlicher Richtung auf Weg Nr. 390 den unteren Teil des Kammes der Pietra Grande, 2.987 m, hinauf. Nun quert man in die Südwestflanke und erreicht über gesicherte Bänder und Schrofengelände die Weggabelung bei Punkt, 2.522 m. Von dort links über die gesicherte Steilstufe hinab zu Weg Nr. 336 und weiter nach Süden zum Rifugio G. Gráffer al Grosté, 2.261 m.

**Abstieg:** Von der Hütte auf breitem Weg Nr. 315 zurück nach Madonna di Campiglio, ca. 2 Stunden.

**Bemerkung:** Man kann auch wieder zur Bergstation der Seilbahn auf Weg Nr. 315 ansteigen (ca. $^1/_2$ Stunde), um zum Ausgangspunkt zu gelangen.

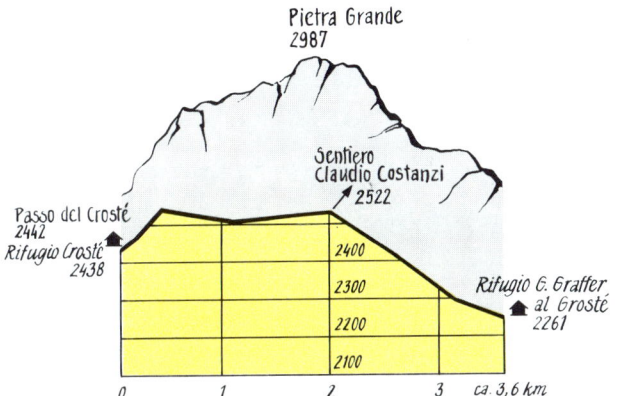

### 21 Sentiero delle Palete
Passo del Grosté, 2.442 m – Passo di Pracastron, 2.510 m – Talstation Funivia del Grosté (Brentagruppe)

**Schwierigkeit:** Leichter Klettersteig
**Ausgangspunkte:** Madonna di Campiglio, 1.550 m – Passo del Grosté, 2.442 m (Funivia del Grosté-Seilbahn)
**Stützpunkt:** Rifugio G. Graffer al Grosté, 2.261 m
**Höhenmeter:** Gesamt (Aufstieg, Abstieg, Klettersteig) ca. 2.300 m
**Gehzeit:** Gesamt ca. 10 Std.
**Hinweis:** Sehr langer Höhenweg mit einigen gesicherten Teilstücken. Gute Kondition notwendig.

**Wegverlauf:** Vom Passo del Grosté, 2.442 m, auf Weg Nr. 306 hinunter in die grüne Mulde der Pra Castron di Flavona, die im Westen von der Pietra Grande, 2.987 m, überragt wird. Der Weg führt ohne größeren Höhenverlust weiter nach Norden bis zur Palete-Wand, die mit Hilfe von Drahtseilen und Eisenklammern ca. 150 m ziemlich gerade empor durchstiegen wird. Über eine kleine Scharte (Bocchetta delle Palete, 2.319 m) nun steil in den eindrucksvollen Felskessel des Val Gelada di Tuenno hinab. Man bleibt immer auf dem Weg Nr. 306 und geht über Schrofen und grüne Hänge in das Val Madris. Bei der Wegteilung in ca. 2.250 m Höhe steigt man in westlicher Richtung auf Weg Nr. 310 zum Passo di Pracastron, 2.510 m. Dort trifft der »Sentiero delle Palete« mit dem »Sentiero Claudio Costanzi« zusammen.

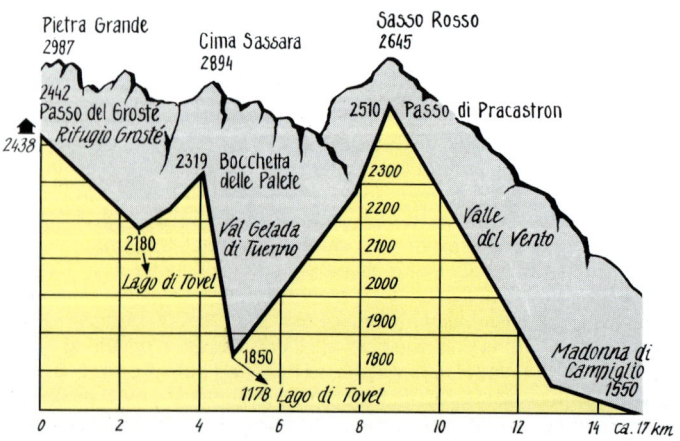

**Abstieg:** Auf Weg Nr. 329 (Markierung genau beachten und nicht verlassen!) hinunter ins Valle del Vento zur verlassenen Malga Scale, 1.563 m. Von dort führt der Weg Nr. 355, der teilweise von Fahr- und Karrenwegen gekreuzt wird, zur Malga Mondifra, 1.629 m, und zurück nach Madonna di Campiglio, 1.550 m.

**Bemerkung:** Dieser Teil der Brenta ist absolut einsam und wird wenig begangen. Großartige Rundtour vom Passo del Grosté, 2.442 m, über den »Sentiero Gustavo Vidi«, »Sentiero Claudio Costanzi« (Übernachtung im Bivacco Bonvecchio, 2.790 m; Vorsicht bei unsicherem Wetter!) und »Sentiero delle Palete« zurück zum Passo del Grosté, ca. 14 Std.

 **Sentiero Claudio Costanzi**
Rifugio G. Graffer al Grosté, 2.261 m – Cima Sassara, 2.894 m – Passo di Pracastron, 2.510 m – Talstation der Funivia del Grosté (Brentagruppe)

**Schwierigkeit:** Schwieriger Klettersteig
**Ausgangspunkte:** Madonna di Campiglio, 1.550 m – Passo del Grosté, 2.442 m (Funivia del Grosté-Seilbahn)
**Stützpunkte:** Rifugio G. Graffer al Grosté, 2.261 m
**Höhenmeter:** Gesamt (Aufstieg, Abstieg, Klettersteig) ca. 2.000 m
**Gehzeit:** Gesamt ca. 11–12 Std.
**Karte:** siehe Seite 62
**Hinweis:** Der Weg ist erst ab Mitte August (davor meist noch zu viel Schnee) und nur bei absolut sicherem Wetter begehbar. Ausdauer und Orientierungsvermögen unbedingt notwendig (Markierung genau beachten!). Übernachtung im Bivacco Bonvecchio, 2.790 m, nur im Notfall. Ein Wettersturz über Nacht mit Nebel und Schnee kann sehr unangenehm werden.

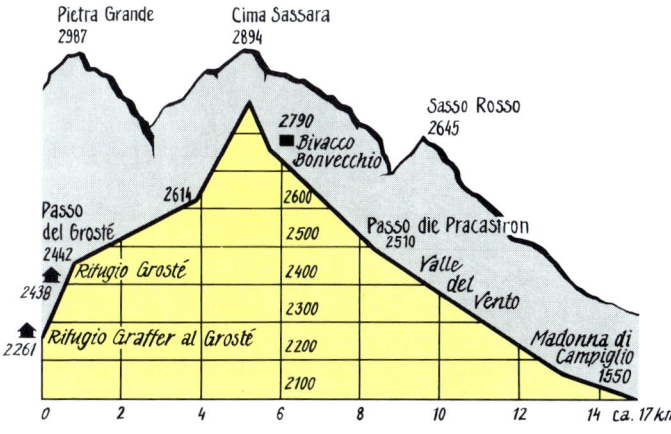

**Wegverlauf:** Entweder vom Passo del Grosté, 2.442 m, über den »Sentiero Gustavo Vidi« oder vom Rifugio G. Graffer al Grosté, 2.261 m, auf Weg Nr. 389 zur Bocchetta dei Tre Sassi, 2.614 m. Über Schutt und Schrofengelände steil empor zur Gran de Formenton, 2.918 m, und auf breitem Band, gesichert zum Passo di Val Gelada, 2.686 m. Durch eine steile Schuttrinne und über eine Felsrippe wird der Grat des Sasso Alto,

63

2.897 m, erreicht. Dieser wird, wie auch der nachfolgende Grat der Cima Sassara, 2.894 m, über Leitern und Drahtseile erklommen. Unter dem Gipfel der Cima Sassara, 2.894 m, steht das kleine Bivacco Bonvecchio, 2.790 m. Es beginnt nun eine großteils unschwierige Höhenwanderung über den Paradiso, 2.838 m, Cima Rocca, 2.831 m, Cima delle Livezze, 2.780 m, Cima del Vento und Cima Tuena, 2.679 m (Markierung genau beachten!). Nach der Überschreitung der Cima Benon, 2.687 m, steigt man, immer noch auf Weg Nr. 336, über verkarstetes Gelände zum Passo di Pracastron, 2.510 m, hinab.

**Abstieg:** Auf Weg Nr. 329 (Markierung genau beachten und nicht verlassen!) geht es hinunter ins Valle del Vento zur verlassenen Malga Scale, 1.563 m. Von dort führt der Weg Nr. 355, der teilweise von Fahr- und Karrenwegen gekreuzt wird, zur Malga Mondifra, 1.629 m, und zurück nach Madonna di Campiglio.

**Bemerkung:** Dieser Teil der Brenta ist kaum erschlossen und der beschriebene Weg mit seinen zahlreichen Gegenanstiegen ist absolut einsam und wird wenig begangen. Großartige Rundtour vom Passo del Grosté, 2.442 m, über den »Sentiero Gustavo Vidi«, »Sentiero Claudio Costanzi« (Übernachtung im Bivacco Bonvecchio, 2.790 m; Vorsicht bei unsicherem Wetter!) und »Sentiero delle Palete« zurück zum Passo del Grosté, ca. 14 Std.

**㉓ Sentiero Alfredo Benini**
Passo del Grosté, 2.442 m – Bocca del Tuckett, 2.648 m – Rifugio del Tuckett, 2.272 m (Brentagruppe)

**Schwierigkeit:** Schwieriger Klettersteig
**Ausgangspunkte:** Madonna di Campiglio, 1.550 m – Passo del Grosté, 2.442 m (Funivia del Grosté-Seilbahn)
**Stützpunkte:** Rifugio G. Graffer al Grosté, 2.261 m; Rifugio del Tuckett, 2.272 m
**Höhenmeter:** Gesamt (Aufstieg, Abstieg, Klettersteig) ca. 1.100 m
**Gehzeit:** Gesamt ca. 4 Std.
**Hinweis:** Aufgrund der Besonnungsverhältnisse und der Aussicht ist es empfehlenswert diesen 1972 fertiggestellten Weg vom Passo del Grosté her zu begehen.

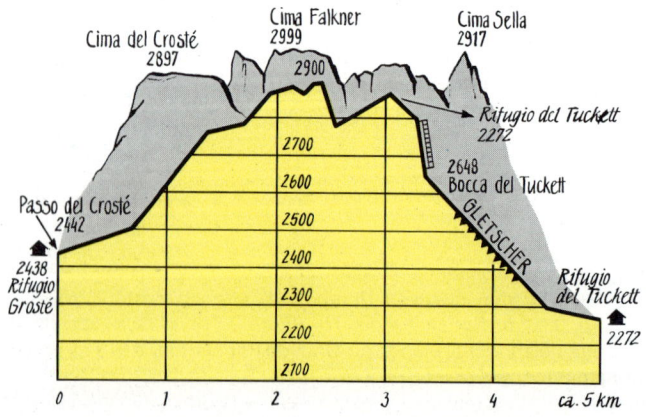

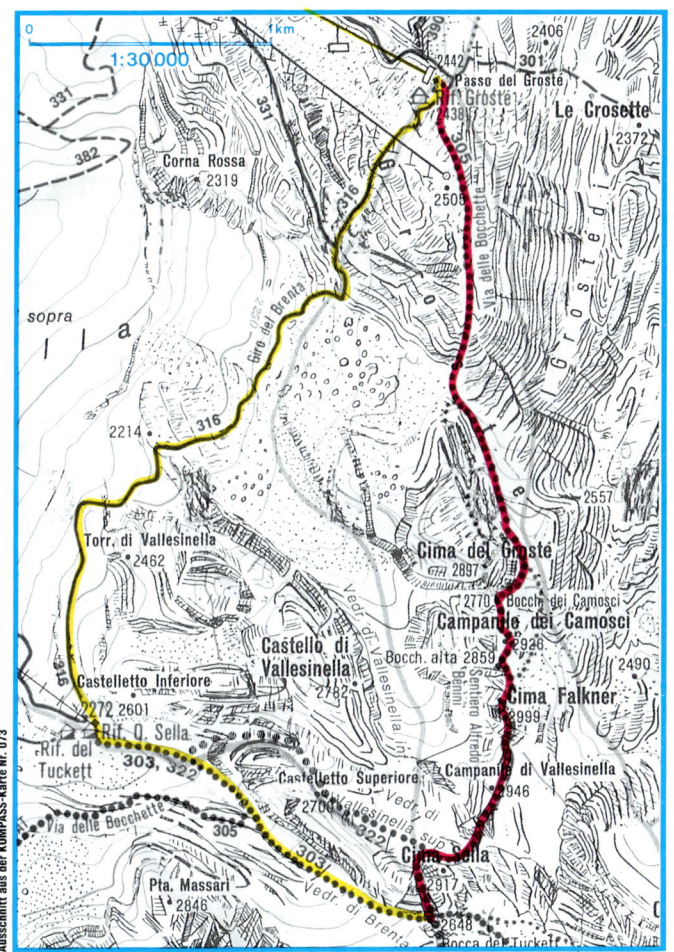

**Wegverlauf:** Mit der Seilbahn von Madonna di Campiglio, 1.550 m, zum Passo del Grosté, 2.442 m. Nun geht es über großflächiges Gelände zum Nordfuß der Cima del Grosté, 2.897 m, und leicht ansteigend durch Geröll zur Ostseite des Berges (Bronzetafel in ca. 2.600 m). Leicht und ohne großen Höhenunterschied erreicht man die Bocchetta dei Camosci, 2.770 m. Auf einem gut gesicherten, aber stellenweise sehr schmalen Felsband verläuft der leicht ansteigende Weg nun durch die Ostseite des Campanile dei Camosci, 2.926 m, und Cima Falkner, 2.999 m (höchste Wegstelle 2.900 m). Nachdem man über einen gesicherten Felsvorsprung ca. 100 m hinabgeklettert ist, entschädigt ein vorzüglicher Aussichtsplatz für die Mühe. Herrlicher Blick in das Val Perse und zum Gipfelaufbau der Cima Brenta, 3.150 m, im Süden. Weiter nun auf die Westseite des Gebirgskammes, wo man ein flaches Firnfeld betritt. Hier kann man das Rifugio del Tuckett, 2.272 m, auf dem durch Steinmanndln gekennzeichneten Pfad Nr. 315, rechts vorbei am Castelletto Superiore, 2.700 m, erreichen. Man hält sich aber nach links und gelangt auf gut gesichertem Steig aber ausgesetzt hinunter bis zur Bocca del Tuckett, 2.648 m. Von dort gelangt man meist problemlos über die Vedretta di Brenta inferiore - Vorsicht bei Blankeis: Steigeisen oder Pickel empfehlenswert - auf Weg Nr. 303 hinunter zum Rifugio del Tuckett, 2.272 m.

**Abstieg:** Siehe unter Zugang zum Riugio del Tucket, oder über den schönen Weg »Giro del Brenta« Nr. 316 nordwärts zurück zum Passo del Grosté, ca. 2 Stunden!

**Bemerkung:** Anschlußweg siehe Nr. 24 und 26 (Steigeisen, Pickel und eventuell Seil sind empfehlenswert).

 **Sentiero delle Bocchette Alte**
Rifugio del Tuckett, 2.272 m – Cima Brenta, 3.150 m – Rifugio A. Alimonta, 2.600 m (Brentagruppe)

**Schwierigkeit:** Schwieriger Klettersteig
**Ausgangspunkte:** Madonna di Campiglio, 1.550 m – Rifugio del Tuckett, 2.272 m
**Stützpunkte:** Rifugio del Tuckett, 2.272 m; Rifugio A. Alimonta, 2.600 m
**Höhenmeter:** Gesamt (Aufstieg, Abstieg, Klettersteig) ca. 1.200 m
**Gehzeit:** Gesamt ca. 6 Std.
**Hinweis:** Stellenweise sehr ausgesetzter, über 3.000 m reichender Weg. Pickel, Steigeisen und eventuell Seil sind empfehlenswert.

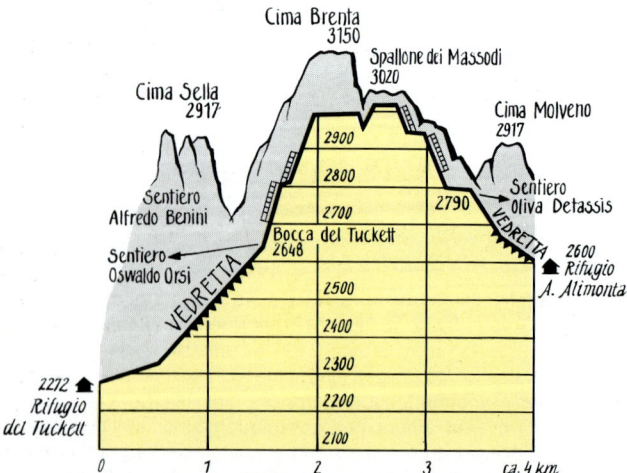

**Wegverlauf:** Vom Rifugio del Tuckett, 2.272 m, geht es zunächst auf Weg Nr. 303 durch Latschen, dann über eine Moräne zum Vedretta di

Brenta inferiore und hinauf zur Bocca del Tuckett, 2.648 m. Vorsicht bei Blankeis: Steigeisen oder Pickel empfehlenswert! Jenseits führt der »Sentiero Osvaldo Orsi« zum Rif. Tommaso Pedrotti, 2.491 m, hinab. Man steigt jedoch rechts über Felsstufen, immer den Markierungsflekken folgend, zu den Leitern und Drahtseilen, die über den ehemaligen, etwas verwickelten Normalanstieg, den Nordwestabfall der Cima Brenta, emporführen. Dem ersten Abschnitt des sogenannten »Sentiero Enrico Pedrotti« folgt das »Garbari Band«, das ziemlich luftig den oberen Teil der steil abfallenden Ostwand der Cima Brenta quert und in einem leichten Schrofengelände endet. Von dort aus kann man, den Steinmanndln folgend, in leichter Kletterei über kurze Kamine und Felsstufen den 3.150 m hohen Gipfel der Cima Brenta erreichen (ca. 1–1$\frac{1}{2}$ Stunden). Weiter auf dem »Dorotea-Foresti-Weg«, der zunächst hinab zu einer zwar versicherten, aber steinschlaggefährdeten Firnrinne führt. Nachdem man diese gequert hat, gelangt man zu einem aussichtsreichen Rastplatz. Hier beginnt das »Mario Coggiola« gewidmete Wegstück, das über eine jäh abfallende, mit Leitern und Seilen versicherte Steilstelle zur Bocca Alta dei Massodi (Obere Massodi-Scharte) führt. Von dort steigt man auf einer ausgesetzten Leiter »Scala degli Amici« bis unter den flachen Gipfelaufbau des Spallon dei Massodi, 3.020 m. Über mehrere Leitern nun in der Südwand zur meist schneegefüllten Bocca Bassa dei Massodi (Untere Massodi-Scharte), 2.790 m, zwischen dem Spallone dei Massodi, 3.020 m, und der Cima Molveno, 2.917 m. Dort teilt sich der Weg. Entweder folgt man rechts dem abzweigenden »Sentiero Oliva-Detassis«, Weg Nr. 396, auf langen, ausgesetzten Eisenleitern hinab zum Vedretta dei Brentei und um den Fuß der Cima Molveno herum zum Rifugio A. Alimonta, 2.600 m, oder Rifugio dei Brentei, 2.182 m, oder man nimmt den »Umberto-Quintavelle-Weg«, der hinauf zur Nordschulter der Cima Molveno, 2.917 m, führt, wo man leicht ansteigend den Vedretta dei Sfulmini und das Rifugio A. Alimonta, 2.600 m, erreicht.

**Abstieg:** Siehe unter Zugang zum Rifugio A. Alimonta!

**Bemerkung:** Die Idee, diesen Weg zu schaffen, geht auf den berühmten Bergsteiger und Hüttenwirt des Rifugio dei Brentei, Bruno Detassis, zurück. Gemeinsam mit seinen Brüdern und einigen Helfern der S. A. T. (Societa Alpinisti Tridentina in Trient) verwirklichte er in den Jahren 1968/69 diesen kühnen Klettersteig.

### 25 Sentiero Oliva Detassis

Rifugio A. Alimonta, 2.600 m – Bocca Bassa dei Massodi (Untere Massodi-Scharte), 2.790 m – Rifugio A. Alimonta, 2.600 m (Brentagruppe)

**Schwierigkeit:** Schwieriger Klettersteig
**Ausgangspunkte:** Madonna di Campiglio, 1.550 m – Rifugio dei Brentei Maria e Alberto, 2.182 m – Rifugio A. Alimonta, 2.600 m
**Stützpunkte:** Rifugio dei Brentei Maria e Alberto, 2.182 m; Rifugio A. Alimonta, 2.600 m
**Höhenmeter:** Gesamt (Aufstieg, Abstieg, Klettersteig) ca. 600 m
**Gehzeit:** Gesamt ca. 2$\frac{1}{2}$ Std.
**Hinweis:** Stellenweise sehr ausgesetzte Eisenleitern. Dieser Steig wird meistens in Kombination mit dem »Sentiero delle Bocchette Alte« begangen und gehört zu den schwersten Touren, die man in der Brentagruppe unternehmen kann.

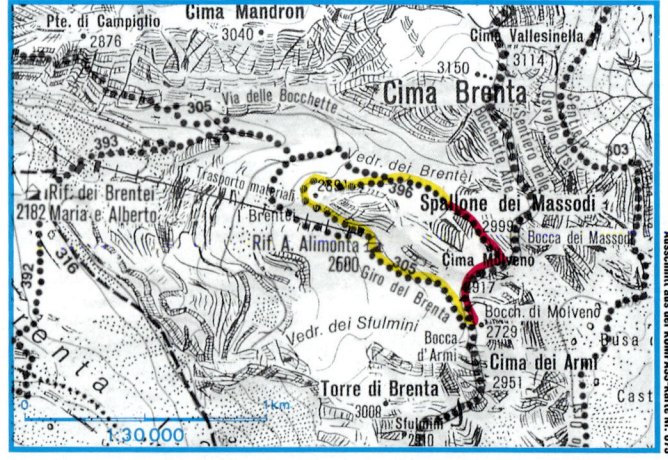

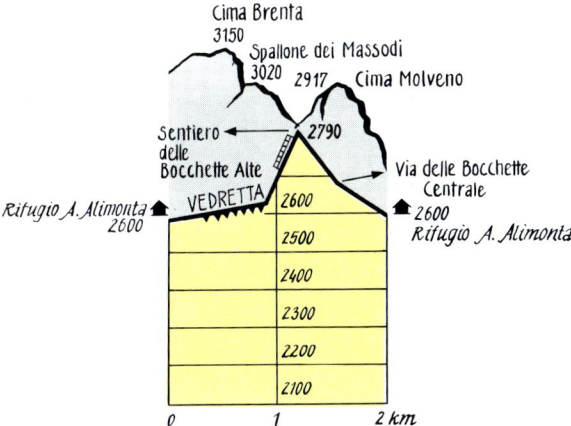

**Wegverlauf:** Vom Rifugio A. Alimonta, 2.600 m, um den Fuß der Cima Molveno, 2.917 m, herum zum Vedretta dei Brentei, wo man auf den Weg vom Rifugio dei Brentei Maria e Alberto, 2.182 m, trifft. Im hintersten Winkel des Gletschers, links des Eiskanals, der von der Bocca Bassa dei Massodi, 2.790 m, herunterzieht, befindet sich bei einer Gedenktafel der Einstieg. Über die nun äußerst ausgesetzten, langen Leitern mündet der »Sentiero Oliva Detassis« auf der Bocca Bassa dei Massodi, 2.790 m, in den »Sentiero delle Bocchette Alte« ein. Der Weg führt uns ca. 100 Höhenmeter hinauf zur Nordschulter der Cima Molveno, 2.917 m, wo man, leicht absteigend, den Vedretta dei Sfulmini und das Rifugio A. Alimonta, 2.600 m, erreicht.

**Abstieg:** Siehe unter Zugang zum Rifugio A. Alimonta!

**Bemerkung:** Schöner Klettersteig, aber nur für absolut Schwindelfreie.

 **Via delle Bocchette Centrale**
Rifugio Tommaso Pedrotti, 2.491 m – Rifugio A. Alimonta, 2.600 m
(Brentagruppe)

**Schwierigkeit:** Schwieriger Klettersteig
**Ausgangspunkte:** Madonna di Campiglio, 1.550 m – Rifugio Tommaso Pedrotti, 2.491 m
**Stützpunkte:** Rifugio Tommaso Pedrotti, 2.491 m; Rifugio A. Alimonta, 2.600 m
**Höhenmeter:** Gesamt (Aufstieg, Abstieg, Klettersteig) ca. 600 m
**Gehzeit:** Gesamt ca. 3$\frac{1}{2}$ Std.
**Hinweis:** Stellenweise sehr ausgesetzter Weg. Pickel, Steigeisen und eventuell Seil sind empfehlenswert (vereiste Rinnen und Scharten!).

**Wegverlauf:** Vom Rifugio Tommaso Pedrotti, 2.491 m, auf Weg Nr. 305 zur Bocca di Brenta, 2.552 m. Jenseits etwa 50 m auf den kleinen Gletscher absteigend, erreicht man rechts, unweit eines riesigen Felsvorsprunges der Cima Brenta Alta, die eigentliche »Via delle Bocchette Centrale«. Über eine Leiter kommt man auf ein schmales Felsband, das waagrecht mitten durch die senkrecht abfallenden Wände der Cima Brenta Alta entlangführt. Größte Vorsicht bei Nässe! Stellenweise ver-

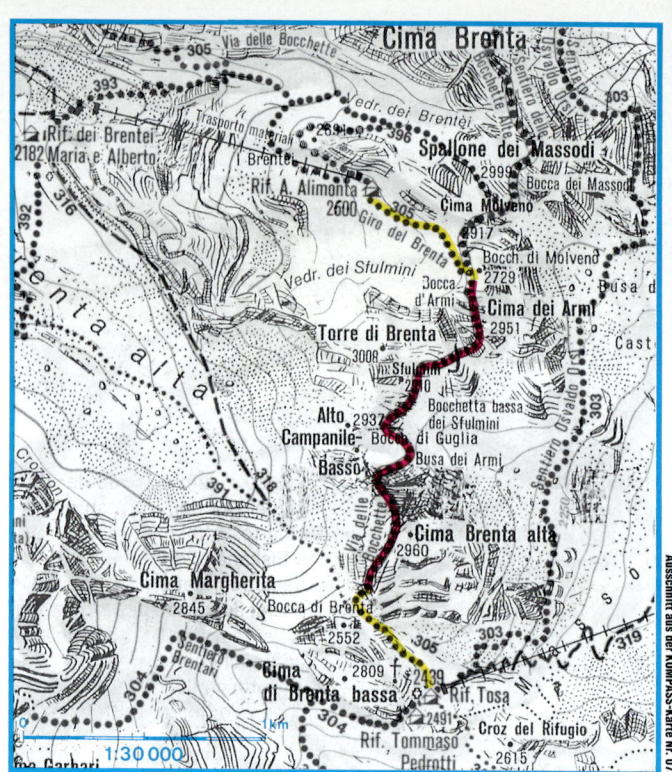

engt sich der gut gesicherte Steig sogar bis zu 30 bis 40 cm. Über teilweise mit Leitern gesicherte Felsstufen erreicht man einen Rastplatz mit Eisenkreuz. Großartig ragt gegenüber die »Guglia« (Campanile Basso, 2.877 m) auf. Nach einem kurzen, aber nicht ungefährlichen Abstieg steht man in der Bocchetta di Guglia. Auf dem »Sentiero Arturo Castelli« wechselt man in die Ostseite, wo man zunächst eine kleine Schlucht quert und über Felsstufen zur Südschulter des Campanile Alto, 2.937 m, gelangt. Weiter auf ausgesetzten Felsbändern durch die gesamte Ostseite des Campanile Alto, 2.937 m. Der anschließende »Sentiero Carla Benini de Stanchina« verläuft unter den spitzen Türmen des Sfulmini, 2.910 m, zur östlichen Schulter des Torre di Brenta, 3.008 m, wo der »Sentiero Bartolomeo Figari« beginnt. Einem kurzen, angenehmen Wegstück folgt ein ausgesetztes Band, das zur Nordseite des Torre di Brenta, 3.008 m, führt. Nun über Leitern hinab zur Bocca d'Armi und den Vedretta dei Sfulmini auf Weg Nr. 305 zum Rifugio A. Alimonta, 2.600 m.

**Abstieg:** Siehe unter Zugang zum Rifugio A. Alimonta!

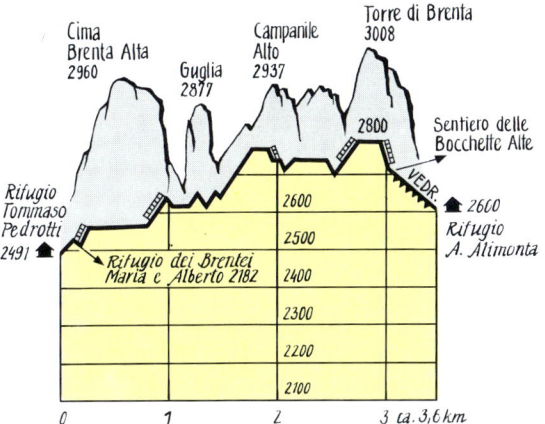

Cima
Brenta Alta
2960
Guglia
2877
Campanile
Alto
2937
Torre di Brenta
3008
2800
Sentiero delle
Bocchette Alte
VEDR
Rifugio
Tommaso
Pedrotti
2491
2600
2500
2400
2300
2200
2100
2600
Rifugio
A. Alimonta
Rifugio dei Brentei
Maria e Alberto 2182

0    1    2    3 ca. 3,6 km

**Bemerkung:** Dieser Höhenweg wurde schon 1936 erbaut. Die einzelnen Wegstrecken erhielten Namen berühmter Alpinisten oder verdienter Spender. Er dürfte wohl der schönste Klettersteig in der Brentagruppe sein, ist aber deshalb sehr überlaufen.

Aufstieg vom Rifugio del Tuckett zur Bocca del Tuckett

 **Sentiero Livio Brentari**
Rifugio Tommaso Pedrotti, 2.491 m – Rifugio S. Agostini, 2.410 m
(Brentagruppe)

**Schwierigkeit:** Schwieriger Klettersteig
**Ausgangspunkte:** Madonna di Campiglio, 1.550 m – Rifugio Tommaso Pedrotti, 2.491 m
**Stützpunkte:** Rifugio Tommaso Pedrotti, 2.491 m; Rifugio S. Agostini, 2.410 m
**Höhenmeter:** Gesamt (Aufstieg, Abstieg, Klettersteig) ca. 800 m
**Gehzeit:** Gesamt ca. 4 Std.
**Hinweis:** Hochalpiner, vergletscherter Übergang. Mitnahme von Pickel und Steigeisen empfehlenswert.

**Wegverlauf:** Vom Rifugio Tommaso Pedrotti, 2.491 m, zunächst zur Kapelle, wo der Weg Nr. 304 zur Südseite der Cima di Brenta bassa, 2.809 m, seinen Anfang nimmt. Vorbei an der Abzweigung des »Sentiero Palmieri«, Weg Nr. 320, bis unter die Cima Margherita, 2.845 m, dem Beginn des Aufstiegs. Durch schotteriges Gelände auf Weg Nr. 304, immer im Angesicht des wuchtigen Aufbaus der Cima Tosa, 3.173 m, westlich durch ein riesiges Kar, von dem im oberen Teil der Normalweg auf die Cima Tosa (Achtung, meist nasser Felskamin!), 3.173 m, rechts abzweigt. Man hält sich jedoch links und erreicht über eine Hängebrücke, zahlreiche Leitern und Drahtseile auf dem Felsrükken der Sella d. Tosa, 2.860 m, steil absteigend den Vedretta d'Ambiez. Auf dem Gletscher endet der »Sentiero Livio Brentari«. Von dort besteht die Möglichkeit, zum Rifugio S. Agostini, 2.410 m, abzusteigen oder auf dem »Sentiero dell' Ideale« über die Bocca di Camosci, 2.770 m, zum Rifugio Garbari ai XII Apostoli, 2.488 m, zu gelangen.

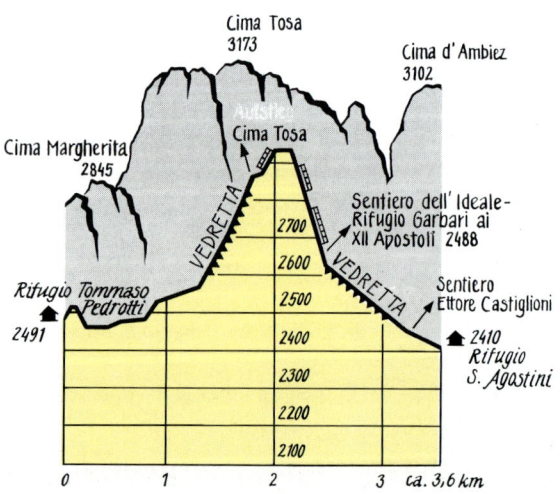

**Abstieg:** Siehe unter Zugang zum Rifugio Garbari ai XII Apostoli!

**Bemerkung:** Der »Sentiero Livio Brentari« und der »Sentiero dell' Ideale« sind die ältesten Klettersteige der Brenta. Sie gehören zu den landschaftlich großartigsten Wegen in den südlichen Kalkalpen.

Crozzon di Brenta mit Cima-Tosa-Eisrinne

### 28 Sentiero Ettore Castiglioni
Rifugio S. Agostini, 2.410 m – Rifugio Garbari ai XII Apostoli, 2.488 m (Brentagruppe)

**Schwierigkeit:** Schwieriger Klettersteig
**Ausgangspunkte:** S. Lorenzo in Banale, 793 m – Rifugio S. Agostini, 2.410 m
**Stützpunkte:** Rifugio S. Agostini, 2.410 m; Rifugio Garbari ai XII Apostoli, 2.488 m
**Höhenmeter:** Gesamt (Aufstieg, Abstieg, Klettersteig) ca. 800 m
**Gehzeit:** Gesamt ca. 2 $^1/_2$ Std.
**Hinweis:** Dieser kühn angelegte Klettersteig ist eine leichtere Variante zum hochalpinen, vergletscherten Übergang über die Bocca d'Ambiez und Bocca di Camosci.

**Wegverlauf:** Etwa 15 Minuten von der Hütte nordwärts in Richtung des Vedretta d'Ambiez bis zur Hinweistafel »Sentiero Ettore Castiglioni«. Von dort steigt man links in einigen Kehren empor bis zu den 200 m hohen Ostwänden der Cima d'Agola, 2.959 m, und Cima Prato fiorito, 2.900 m. Nahezu senkrecht und teils überhängend gelangt man über Leitern, Eisenklammern und Drahtseile in die enge Felsscharte Bocchetta dei Due Denti, 2.859 m. Nun nordwestwärts über schrofiges Gelände (Markierung und Steigspuren beachten!) hinab zum Rifugio Garbari ai XII Apostoli, 2.488 m.

**Abstieg:** Siehe unter Zugang zum Rifugio Garbari ai XII Apostoli!

Ausschnitt aus der KOMPASS-Karte Nr. 073

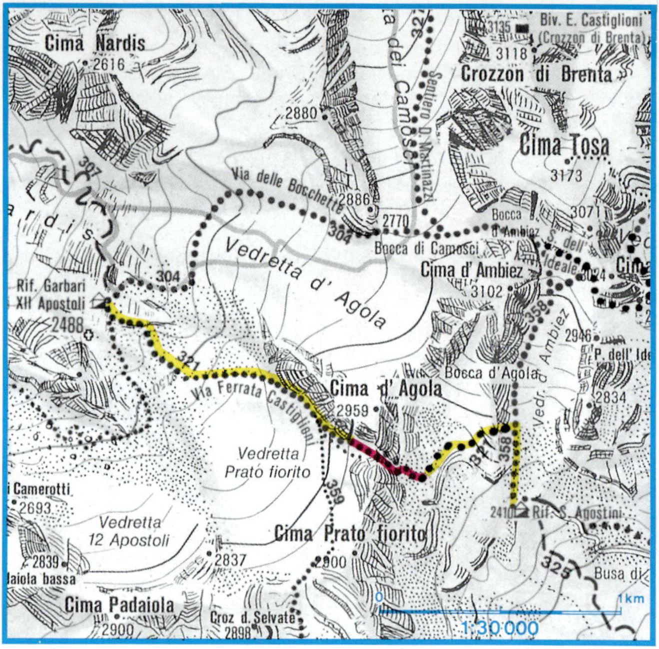

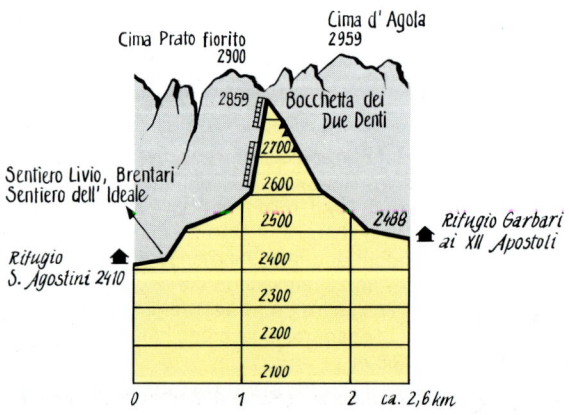

**Bemerkung:** Außergewöhnlich schöner, kurzer, aber sehr luftiger Klettersteig mit problemlosem Abstieg zur Hütte.

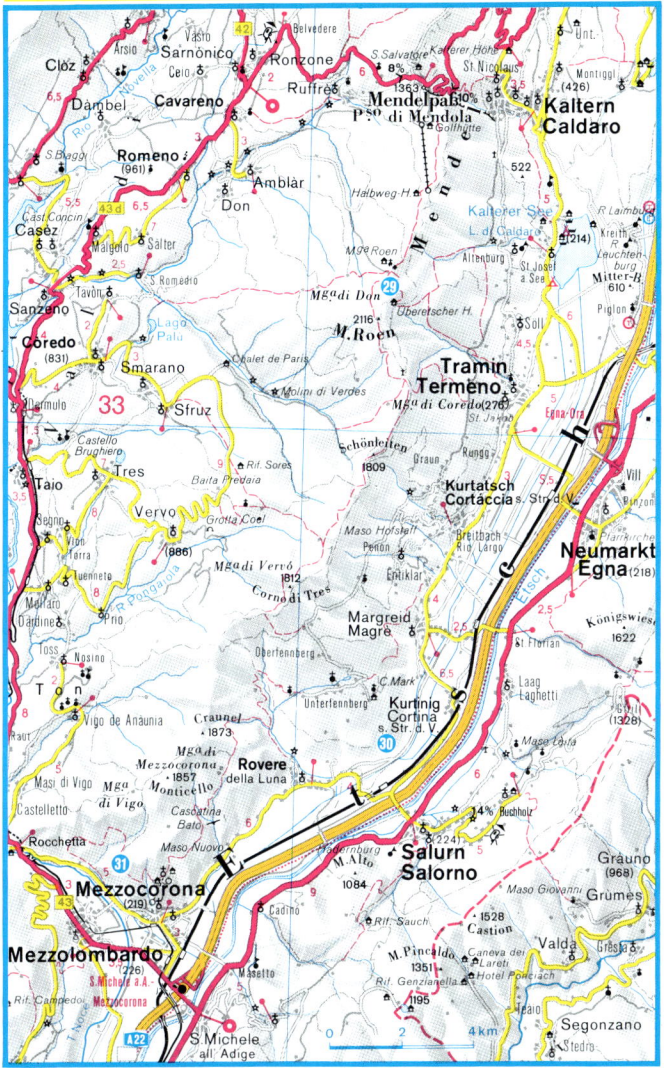

Ganz anders als man es in den Dolomiten gewohnt ist, präsentiert sich die relativ niedere Bergkette der Nonsberggruppe. Von Bozen aus in Blickrichtung Süden liegt sie rechts des Etschtales und verkörpert nicht die gewohnten bizarren Felsformationen, sondern zeigt sich mit meist gänzlich bewaldeten Hängen, wobei Felsabstürze nur an der Ostseite zu finden sind. So ist dieses Gebiet, den geologischen Gegebenheiten entsprechend, eher für Wanderungen bekannt, was aber den Reiz einiger schöner, leichter Klettersteige nicht schmälern soll, ist es doch die Atmosphäre der großen Obstgärten und Weinkulturen des Etschtales, die den Bergsteiger einfängt und die fehlende Vielfältigkeit der Felsformationen in diesem Gebiet sicher ersetzt. Hüttenstützpunkte sind vereinzelt vorhanden, spielen als notwendige Übernachtungsmöglichkeit aber eine untergeordnete Rolle, da ein ausgedehntes Wanderwegenetz sichere Abstiege ins Tal ermöglicht. Dort laden eine Reihe lieblicher Orte zum Aufenthalt ein. Als wunderschöner Aussichtsberg ist der Penegal, 1.737 m, nördlich der 3 beschriebenen Klettersteige zu nennen, der kurz nach dem Mendelpaß auf einer Straße erreicht werden kann. Die Touren in der Nonsberggruppe sind als etwas Besonderes zu bezeichnen und als Ausgleich zwischen den Begehungen von schwierigen Dolomitengruppen sehr zu empfehlen.

## Klettersteige in der Nonsberggruppe

 **Monte Roen, 2.116 m**
Gesicherter Steig (Nonsberggruppe)

**Schwierigkeit:** Leichter Klettersteig
**Ausgangspunkt:** Mendelpaß, 1.363 m
**Stützpunkt:** Überetscher Hütte, 1.775 m
**Höhenmeter:** Aufstieg: ca. 750 m
Abstieg: ca. 750 m
Klettersteig: ca. 100 m
**Gehzeit:** Aufstieg: Mendelpaß – Monte Roen, ca. $2^{1}/_{2}$ Std.
Abstieg: Monte Roen – Mendelpaß, ca. $2^{1}/_{2}$ Std.
Klettersteig: ca. $^{1}/_{2}$ Std.
**Hinweis:** Schöne Wanderung. Kurzer Klettersteig.

Blick vom Monte Roen zur Überetscher Hütte

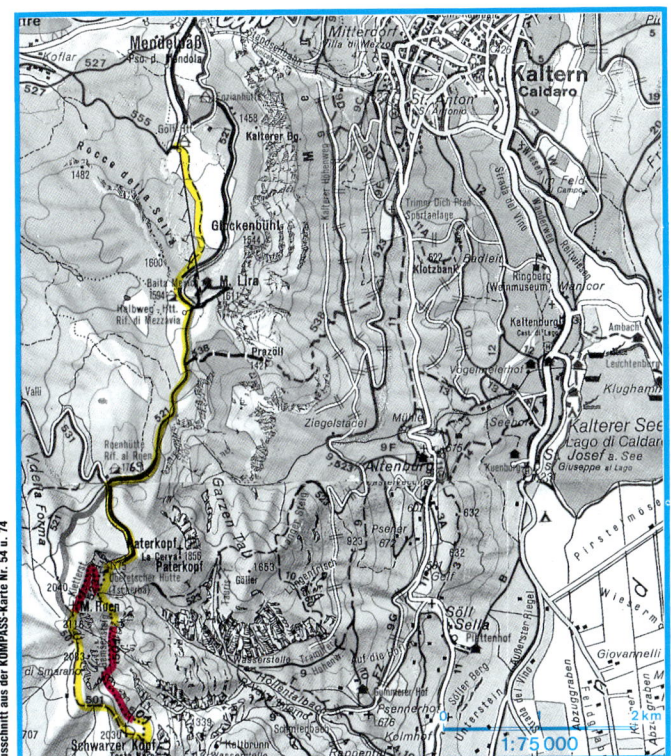

Ausschnitt aus der KOMPASS-Karte Nr. 54 u. 74

**Aufstieg:** Mit dem Auto vom Mendelpaß, 1.363 m, nach Süden bis zu einem großen Parkplatz (Sesselbahn). Von dort steigt man entlang der breiten Skiabfahrt hinauf zur Bergstation und weiter auf Weg Nr. 521 zum Rifugio Malga Roen, 1.769 m, und zur Überetscher Hütte, 1.775 m. Hinweisschild »Via ferrata Cima Roen«. Auf gut gesichertem Steig Nr. 523 erreicht man den Monte Roen, 2.116 m.

**Abstieg:** Vom Gipfel nach Süden zum Schwarzen Kopf, 2.030 m. Nun links über den stellenweise gesicherten »Gemsensteig — Sentiero dei Camosci«, Weg Nr. 501, wieder zur Überetscher Hütte, 1.775 m. Weiterer Abstieg gleich wie Aufstieg.

**Bemerkung:** Großartiger Aussichtsberg.

**30 Klettersteig Fennberg (Margreider Klettersteig – Sentiero attrezzato Favogna)**
Unterfennberg, 1.034 m (Nonsberggruppe)
**Schwierigkeit:** Leichter Klettersteig
**Ausgangspunkt:** Südtiroler Weinstraße, ca. 3 km südlich von Margreid, ca. 220 m

**Stützpunkt:** Margreid, 226 m
**Höhenmeter:** Aufstieg: ca. 800 m
Abstieg: ca. 800 m
Klettersteig: ca. 300 m
**Gehzeit:** Aufstieg: Südtiroler Weinstraße – Unterfennberg, ca. 3 Std.
Abstieg: a) Unterfennberg – Margreid – Südtiroler Weinstraße, ca. 2¹/₂–3 Std.
b) Unterfennberg – Höllental – Roveré della Luna – Südtiroler Weinstraße, ca. 3 Std.
Klettersteig: ca. 1 Std.
**Hinweis:** Günstigste Jahreszeit im Frühjahr und Herbst, im Sommer sehr heiß.

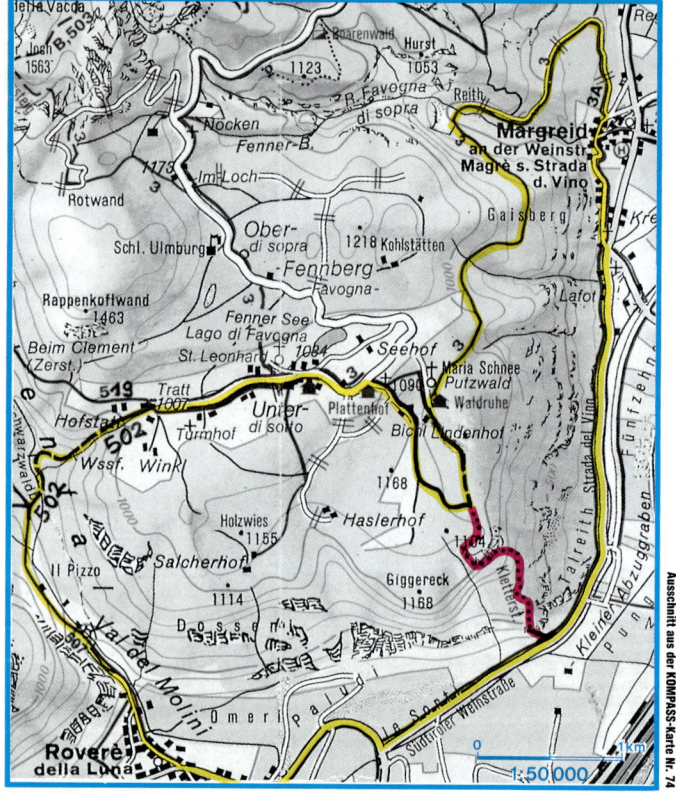

**Aufstieg:** Ungefähr 3 km südlich von Margreid, an der Südtiroler Weinstraße, ca. 220 m, beginnt der Klettersteig (Hinweistafel). Zuerst durch
ein kurzes, steiles Waldstück bis zum ersten, gesicherten Kamin. Weiter
über Sprossen, Leitern und Drahtseile sehr luftig zum mittleren, bewaldeten Teil. Unter einem großen, gelben Überhang quert man wieder auf
gesichertem Steig rechts hinaus und erreicht über bewaldetes Gelände
eine Wegkreuzung. Von dort rechts zum Weiler Putzwald-Fennberg,
1.090 m, oder links über den Weiler Büchl-Fennberg, 1.090 m, zum
Gasthof Plattenhof in Unterfennberg, 1.034 m.

Fennberg vom Etschtal (Salurn)

**Abstieg:** a) Entweder von Putzwald, 1.090 m, auf breitem, markiertem Wanderweg Nr. 3 hinunter nach Margreid, 226 m, und von dort auf der Straße zurück zum Ausgangspunkt

b) oder über Unterfennberg, 1.034 m, zuerst auf der Straße, dann links ab auf Weg Nr. 502 durch das Höllental hinunter nach Roveré della Luna, 251 m, und auf der Straße zurück zum Ausgangspunkt. Länger, aber interessanter.

**Bemerkung:** Immer wieder herrlicher Tiefblick in das Etschtal.

**㉛ Via ferrata Burrone di Mezzocorona (Sentiero attrezzato Burrone Giovanelli)**
Siedlung Monte, 891 m (Nonsberggruppe)

**Schwierigkeit:** Leichter Klettersteig
**Ausgangspunkt:** Mezzocorona, 219 m
**Stützpunkt:** Mezzocorona, 219 m
**Höhenmeter:** Aufstieg: ca. 700 m
Abstieg: ca. 700 m
Klettersteig: ca. 300 m
**Gehzeit:** Aufstieg: Mezzocorona – Monte, ca. 2$^{1}/_{2}$ Std.
Abstieg: Von der Baita dei Manzi über Weg Nr. 505 zurück nach Mezzocorona, ca. 1$^{1}/_{2}$ Std.
Von Monte nach Mezzocorona mit der Seilbahn oder Weg Nr. 504, ca. 1 Std.
**Hinweis:** Vorsicht – Abschnitte des Weges durch die Schlucht meistens glitschig und feucht!

**Aufstieg:** Von Mezzocorona, 219 m, auf der Straße Richtung Westen bis man zur Abzweigung des Weges Nr. 505 kommt. Über einen Fahrweg, der durch Weingärten führt, wandert man an einem Parkplatz vorbei zum Einstieg. Entweder über den alten Weg im Zickzack empor in die Schlucht, oder den neuen, 1982 angelegten Weg am Bach entlang über zwei lange, senkrechte Eisenleitern bis man wieder auf den ursprünglichen Weg trifft. Auf gesicherten Wegabschnitten, immer wieder von Wasserfällen begleitet, erreicht man die Baita dei Manzi, 876 m. Von dort bieten sich zwei Möglichkeiten zum Weiterwandern.

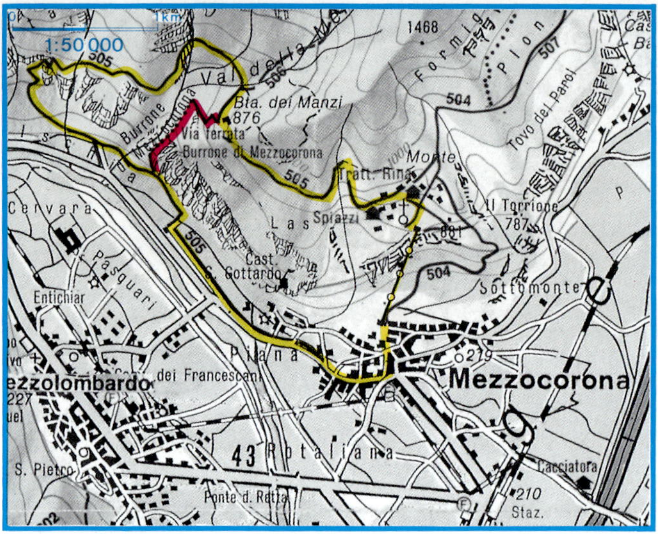


Ausschnitt aus der KOMPASS-Karte Nr. 74

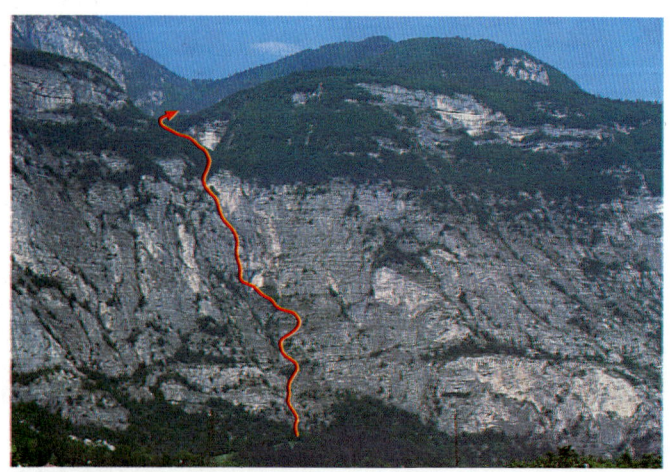

**Abstieg:** a) Entweder über den schönen Weg Nr. 505 zur Siedlung nach Monte, 891 m, und von dort mit der Seilbahn oder zu Fuß zurück nach Mezzocorona
b) oder auf Weg Nr. 505 nach Westen zurück nach Mezzocorona.

**Bemerkung:** Durch die Burrone-Schlucht stürzt ein Wildbach. Herrliche Fotomotive an den Wasserfällen, besonders im Herbst.

Burrone Schlucht von Südwesten

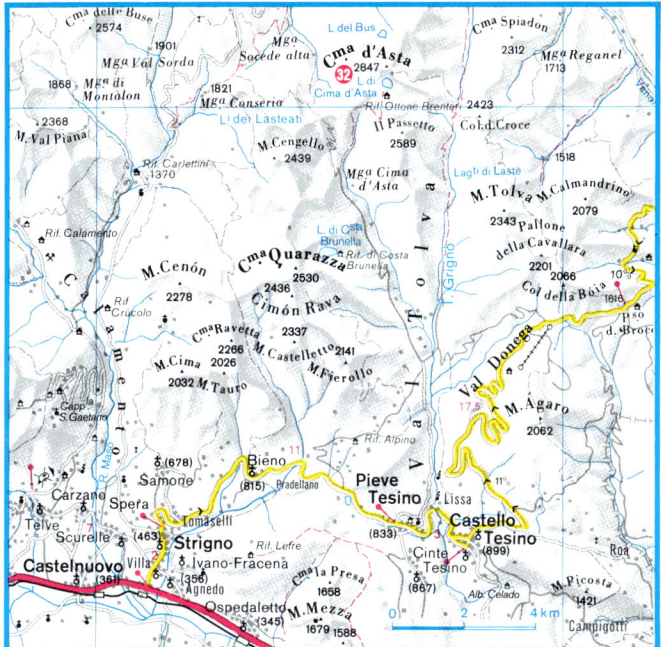

Die Fleimstaler Alpen sind von der äußeren Gestalt her für die Dolomitenlandschaft atypisch. Zum einen bildet hier nicht Kalk, sondern Urgestein den Felsuntergrund, zum anderen lassen auch die runden Kuppen keinen Vergleich mit bekannten Dolomitengipfeln zu. Dies ist wahrscheinlich auch der Grund, warum diese Landschaft mehr den gemütlichen Bergwanderer anspricht als den Kletterer, der hier vergeblich nach interessanten Herausforderungen sucht. Diese Gruppe ist in Bergsteigerkreisen weitgehend unbekannt, es gibt auch nur wenige Unterkunftshütten und günstig gelegene Talorte, sodaß wiederholt Heustädel oder das eigene Zelt zum Übernachten genutzt werden müssen. Unter den malerisch gelegenen Talorten sind klangvolle Namen wie Deutschnofen, Cavalese, Altre oder Cembra zu finden.

Die Region der Fleimstaler Alpen läßt sich in drei große Gebirgszüge gliedern: Eggentaler Alpen und Salurner Berge, Fleimstaler Kamm und der Cima-d'Asta-Stock. Der zuletzt genannte ist für den Kletterer interessant, birgt er doch auch den einzigen Klettersteig dieser Gruppe. Der Cima-d'Asta-Stock ist hufeisenförmig angelegt und weist mit seiner Öffnung nach Süden, zum Valsugana hin. Nördlich davon, im Fleimstaler Kamm, finden wir die Cima di Cece, 2.754 m, als höchste Erhebung, mit der jedoch der Monte Stelle delle Sute, 2.556 m, mit dem Lago Lagorai zu Füßen, an landschaftlicher Schönheit wetteifert. Geologisch Interessantes findet man nördlich von Cavalese, in den Eggentaler Alpen, in den Erhebungen Weiß- und Schwarzhorn, deren Namen auf Kalk und Urgestein hinweisen, die hier auf engstem Raum nebeneinander auftreten.

Eine weitere Besonderheit gibt es im Fersental: Vier Dörfer bilden hier eine deutsche Sprachinsel, Reste einer ehemaligen deutschen Besiedlung des Suganatales.

Faßt man den Reiz dieses Gebietes zusammen, so sind vor allem hervorzuheben: die eindrucksvolle Fernsicht auf Pala, Marmolada oder Brenta; stille Almen mit malerischen Talblicken und eine erholsame Naturlandschaft, die vom Besucherstrom noch weitgehend verschont geblieben ist.

## Klettersteig in den Fleimstaler Alpen

 **Ferrata Giulio Gabrielli**
Cima d'Asta, 2.874 m (Cima-d'Asta-Gruppe)

**Schwierigkeit:** Schwieriger Klettersteig
**Ausgangspunkte:** Pieve Tesino, 871 m (Valsugana) – Val Tolva – Malga Sorgazza, 1.450 m
**Stützpunkt:** Rifugio Ottone Brentari, 2.473 m
**Höhenmeter:** Aufstieg: ca. 1.400 m
Abstieg: ca. 1.400 m
Klettersteig: ca. 700 m
**Gehzeit:** Aufstieg: Malga Sorgazza – Punta Socede – Cima d'Asta, ca. 6–7 Std.
Abstieg: Cima d'Asta – Rifugio Ottone Brentari – Malga Sorgazza, ca. 3 Std.
Klettersteig: ca. 3–4 Std.
**Hinweis:** Sehr lange Tour, nur bei bestem Wetter anzuraten.

**Aufstieg:** Von Trento durch das Valsugana bis zur Ortschaft Villa Agnedo, 356 m. Dort links abbiegen und über die Dörfer Strigno und Bieno nach Pieve Tesino, 871 m, und durch das Val Tolva zur Malga Sorgazza, 1.450 m. Auf den Wegen Nr. 326 und 327 steigt man zur Forcella Magna,

Punta Socede mit Verbindungsgrat zur Cima d'Asta

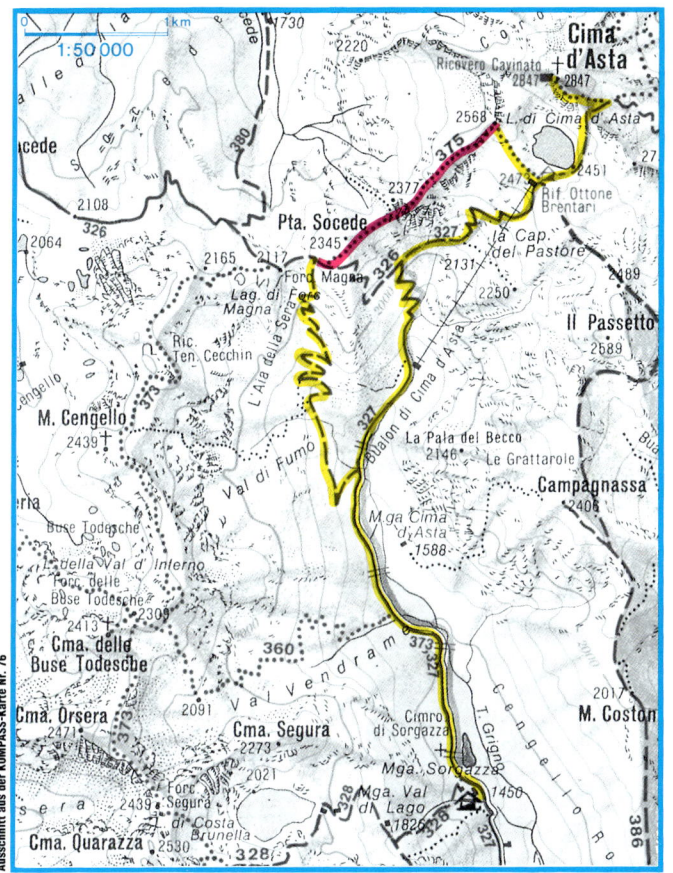

2.117 m, wo Wegschilder den Zugang zur »Ferrata Giulio Gabrielli«
weisen. Man wandert über die Punta Socede, 2.345 m, und den Süd-
westkamm der Cima d'Asta zum Lago di Cima d'Asta, 2.451 m, mit dem
Rifugio Ottone Brentari, 2.473 m. Den höchsten Punkt, 2.568 m, erreicht man kurz vor Ende dieser Ferrata. Vom Rifugio Ottone Brentari,
2.473 m, empfiehlt sich die Besteigung der Cima d'Asta (2.847 m, Bivacco).

**Abstieg:** Vom Rifugio Ottone Brentari, 2.473 m, auf Weg Nr. 327 hinunter zum Ausgangspunkt.

**Bemerkung:** Herrlicher Blick nach Norden auf die Catena dei Lagorai
(Lagorai-Kette).

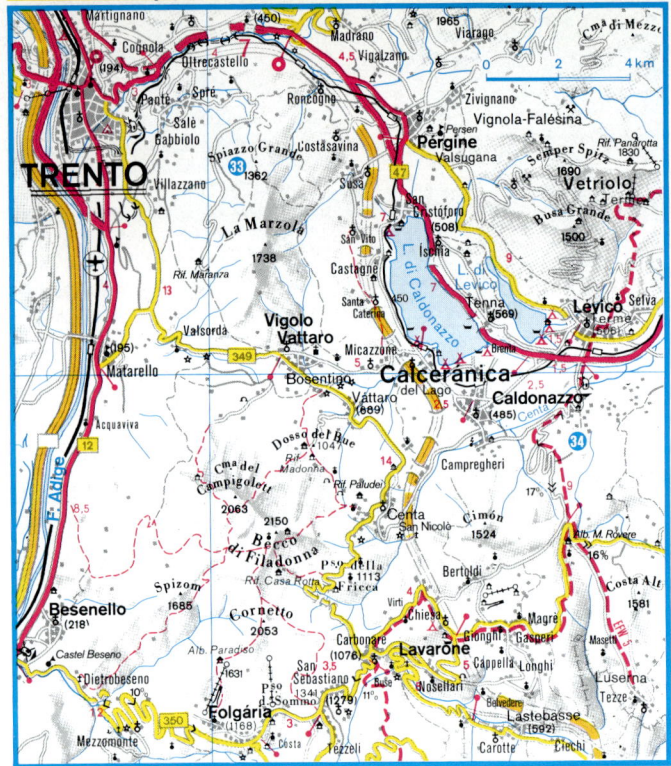

Der Fugazzepaß teilt das Gebiet in zwei Teile, in den nördlich gelegenen Monte Pasubio und in die südlich liegenden »Piccole Dolomiti«. Der Monte Pasubio hat einen kuppenähnlichen Gipfelkamm, in dessen Bereich sich mehrere Höhlen befinden und der über zwei Nebenstraßen von Süden nach Osten aus erreichbar ist. Ein Stück unterhalb des Kammes treffen sich die beiden Fahrrouten und dort ist auch der Standpunkt der einzigen Schutzhütte des Massivs. Die »Piccole Dolomiti« sind ein Kletterparadies mit vielfältigem Formenreichtum. Zu den zerklüfteten Türmen, Zinnen und tiefen Tälern kommen steinübersäte Kalk-Plateaus. Ein gut sichtbares Merkmal für die südliche Lage der Berggruppen sind die weit hinaufgezogenen Waldhänge, sowie das Vorhandensein kleiner und kleinster Seitentäler. Die Beliebtheit der Vizentiner Alpen, auch als Wandergebiet, hat im südlichen Teil zum Bau von Schutzhütten geführt. Auffallend ist neben der Hauptstraßenlinie entlang des Pertica-Passes ein dichtes Netz von Nebenstraßen, das kaum größere Orte als Zielpunkt hat, sondern eine Fahrmöglichkeit oft

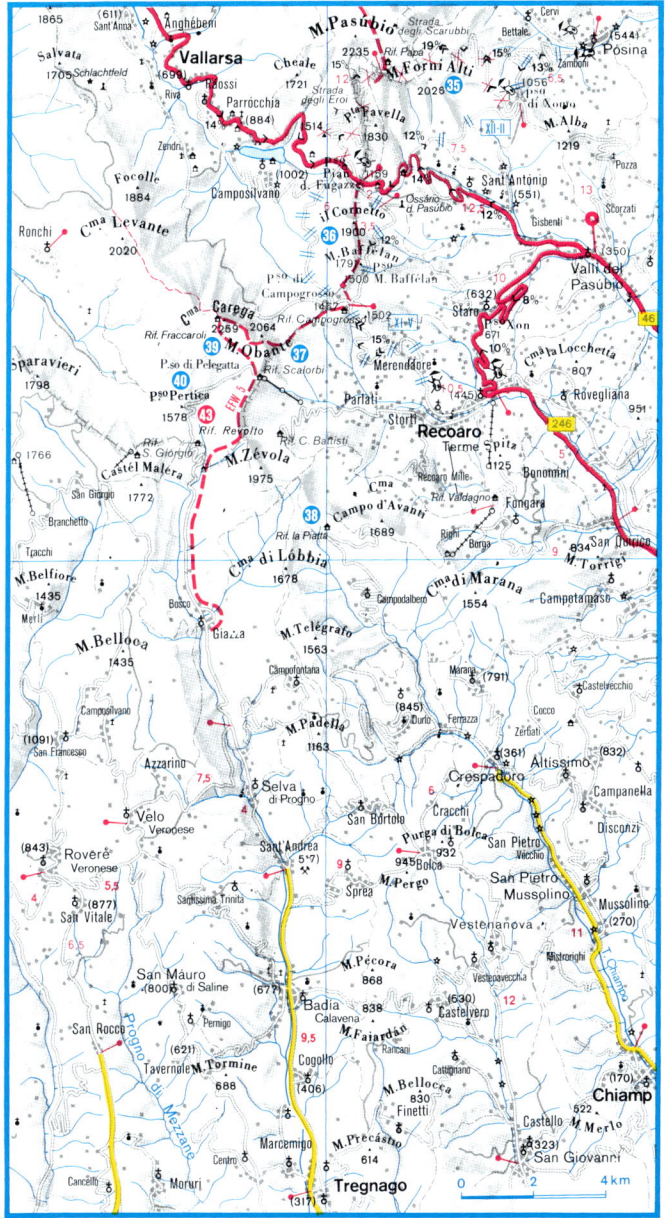

bei einer Gruppe von Häusern enden läßt. Besonders hervorzuheben ist dabei eine wichtige Straße vom Fugazzepaß zum Ort Recoaro, an der die beiden schon erwähnten Schutzhütten liegen. Es sind nicht mehr die gewaltigen Dolomitenmassive, die den Klettersteiggeher als Kulisse umgeben, die vielfältigen Formen der »Piccole Dolomiti« werden aber mit reizvollen Details entschädigen. Nur wenige Orte, rein italienisch geprägt, laden den Bergsteiger zum Verweilen ein, z. B. Recoaro oder Valle de Pasubio. Die Vizentiner Alpen sind zwar nicht das bekannteste Klettergebiet, doch haben die »Kleinen Dolomiten« und der Monte Pasubio bei den Bergfreunden einen festen Platz. Auch ermöglicht das südliche Klima die Begehung der Klettersteige fast das ganze Jahr hindurch. Noch zu erwähnen ist, daß dieses Gebiet im Ersten Weltkrieg 1915 bis 1918 von italienischen und österreichischen Armeen hart umkämpft war.

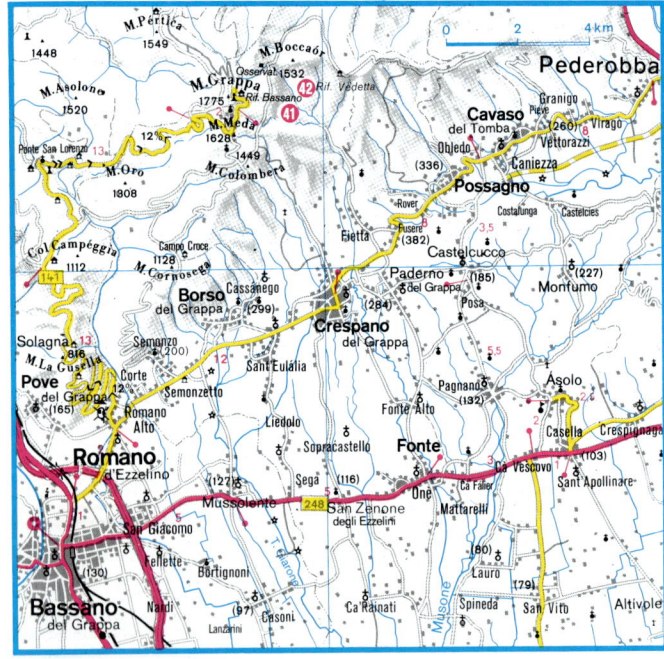

## Klettersteige in den Vizentiner Alpen

**33 Sentiero attrezzato Giordano Bertotti – Alla Croce**
Monte Chegul – Spiazzo Grande, 1.332 m (Vizentiner Alpen)
**Schwierigkeit:** Leichter Klettersteig
**Ausgangspunkte:** Trento – Passo Cimirlo, 733 m
**Stützpunkt:** Trento, ca. 200 m
**Höhenmeter:** Aufstieg: ca. 600 m

Abstieg: ca. 600 m
Klettersteig: ca. 100 m
**Gehzeit:** Aufstieg: Passo Cimirlo – Spiazzo Grande, ca. 1½–2 Std.
Abstieg: Spiazzo Grande – Passo Cimirlo, ca. 1 Std.
Klettersteig: ca. ½ Std.
**Hinweis:** Begehung fast das ganze Jahr möglich. Beste Zeit zum Fotografieren ist der späte Nachmittag. Sehr kurzer Klettersteig.

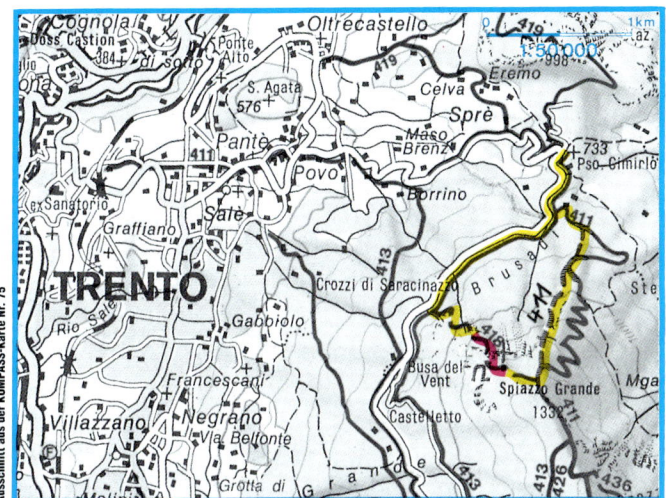

Ausschnitt aus der KOMPASS-Karte Nr. 75

**Aufstieg:** Mit dem Auto von Trento, ca. 200 m, nach Osten auf den Passo Cimirlo, 733 m (Parkplatz). Von dort wandert man auf breiter Straße ca. ½ Stunde leicht ansteigend nach Süden bis zu dem Hinweis-

Monte Chegul – Spiazzo Grande von Trento (Trient)

schild »Sentiero attrezzato Alla Croce«, Weg Nr. 418. Der steile Pfad führt durch Latschen und Gestrüpp zu den Drahtseilen und über Leitern hinauf zum großen Holzkreuz.

**Abstieg:** Vom Gipfel steigt man auf markiertem Weg zuerst über eine kleine Holzbrücke (Schlucht Bus de Vent) nach Osten hinunter. Später wieder leicht ansteigend durch dichten Laubwald bis zu einer Wegkreuzung. Weiter auf Weg Nr. 411 in nördlicher Richtung hinunter zum Passo Cimirlo, 733 m.

**Bemerkung:** Schöner Blick auf Trento und die Paganellagruppe.

## 34 Sentiero Clemente Chiesa

Val Scura (Valsugana)

**Schwierigkeit:** Leichter Klettersteig
**Ausgangspunkte:** Levico Terme, 505 m – Albergo Alla Vedova, ca. 500 m
**Stützpunkte:** Levico Terme, 505 m; Caldonazzo, 474 m
**Höhenmeter:** Aufstieg: ca. 700 m
Abstieg: ca. 700 m
Klettersteig: ca. 100 m
**Gehzeit:** Aufstieg: Albergo Alla Vedova – Albergo Monte Rovere, ca. 2½ Std.
Abstieg: Albergo Monte Rovere – Kaiserjägerweg – Albergo Alla Vedova, ca. 1½ Std.
Klettersteig: ca. ½ Std.
**Hinweis:** Herrliche, unschwierige Wanderung durch eine wildromantische Schlucht.

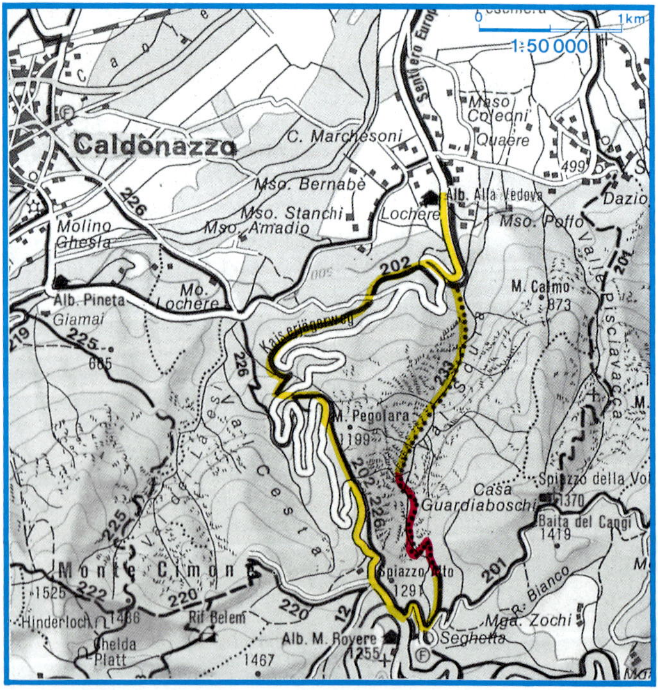


Ausschnitt aus der KOMPASS-Karte Nr. 75

**Aufstieg:** Vom Albergo Alla Vedova ca. 500 m entlang der asphaltierten Straße nach Süden bis zur ersten Kehre. Von dort auf dem »Sentiero Clemente Chiesa« mit der Markierung Nr. 233 durch das von den steilen Wänden des Monte Pegolara, 1.199 m, und Monte Calmo, 873 m, begrenzte Val Scura. Vorbei an eigenartigen Felsgebilden und Felsnadeln, teilweise gesichert, erreicht man einen Wasserfall und bald darauf das Albergo Monte Rovere, 1.255 m.

Val Scura von Levico Terme

**Abstieg:** Auf der alten Kriegsstraße »Kaiserjägerweg« mit der Markierung Nr. 202, zugleich auch »Europäischer Fernwanderweg E 5«, steigt man hinab zum Ausgangspunkt.

**Bemerkung:** Ungefähr 6 Kilometer südlich vom Albergo Monte Rovere liegt die Ortschaft Luserna/Lusern, 1.319 m, eine alte deutsche Sprachinsel.

###  Via ferrata Gaetano Falcipieri
Monte Forni Alti, 2.027 m (Monte-Pasubio-Gruppe)

**Schwierigkeit:** Leichter Klettersteig
**Ausgangspunkte:** Colle Xomo, 1.058 m – Bocchetta Campiglia, 1.216 m
**Stützpunkte:** Rifugio Balasso, 983 m; Rifugio Alpino, 1.058 m
**Höhenmeter:** Aufstieg: ca. 800 m
Abstieg: ca. 700 m
Klettersteig: ca. 500 m
**Gehzeit:** Aufstieg: Bocchetta Campiglia – Monte Forni Alti – Rifugio Gen. Achille Papa, ca. 5 Std.
Abstieg: Rifugio Gen. Achille Papa – Strada d. Gallerie – Bocchetta Campiglia, ca. 2 Std.
Klettersteig: ca. 3–4 Std.
**Hinweis:** Die beste Zeit für diese nicht sehr schwere, aber interessante Tour ist von Juni bis November. Taschenlampe für die »Strada d. Gallerie« (ca. 6,5 km lang, 52 Gallerien) empfehlenswert.

**Aufstieg:** Von Rovereto, 192 m, auf der Straße Nr. 46 hinauf zum Passo Pian delle Fugazze, 1.162 m. Von dort ca. 250 Höhenmeter nach Osten

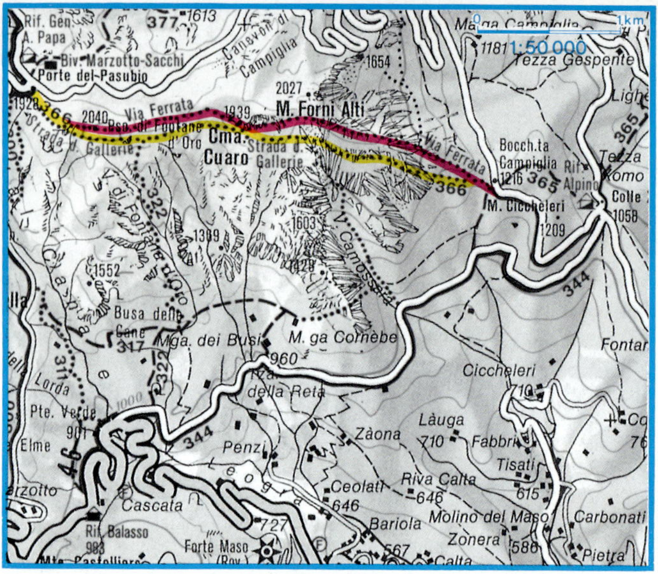

Ausschnitt aus der KOMPASS-Karte Nr. 101

hinunter bis zur Brücke Ponte Verde, 901 m. Auf schmaler Fahrstraße links ab und auf den Colle Xomo, 1.058 m, wo man wieder links abbiegt und nach ca. 1,5 km das Plateau Bocchetta Campiglia, 1.216 m, erreicht. Von dort geht man zu Fuß weiter, vorbei am Gittertor zur Stollenstraße auf der linken Seite. Nun durch den Wald bis zu den ersten Siche-

Monte-Pasubio-Gruppe von Süden

rungsanlagen und immer auf befestigten Wegabschnitten über die Gipfel des Cima Cuaro, 1.939 m, Monte Forni Alti, 2.027 m, Cimon del Soglio Rosso, 2.040 m, und Cima dell' Osservatorio, ca. 2.000 m, zum Rifugio Gen. Achille Papa, 1.928 m, auf der Porte del Pasubio, 1.928 m.

**Abstieg:** Vom Rifugio folgt man der Markierung zur »Strada d. Gallerie« und erreicht über diese nach ca. 6,5 km wieder den Ausgangspunkt Bocchetta Campiglia, 1.216 m.

**Bemerkung:** Diese interessante Wanderung befindet sich im Kampfgebiet der österreichischen und italienischen Gebirgstruppen während des Ersten Weltkrieges.

## 36 Monte Cornetto, 1.899 m

Gesicherter Steig (Monti Lessini)

**Schwierigkeit:** Leichter Klettersteig
**Ausgangspunkte:** Passo Pian delle Fugazze, 1.162 m – Malga Boffetal, 1.435 m
**Stützpunkte:** Passo Pian delle Fugazze, 1.162 m; Rifugio Campogrosso (Toni Giuriolo), 1.456 m
**Höhenmeter:** Aufstieg: ca. 500 m
Abstieg: ca. 500 m
Klettersteig: ca. 100 m
**Gehzeit:** Aufstieg: Malga Boffetal – Monte Cornetto, ca. 1$^{1}/_{2}$ Std.
Abstieg: Monte Cornetto – Monte Baffelan – Malga Boffetal, ca. 2$^{1}/_{2}$ Std.
Klettersteig: ca. $^{1}/_{2}$ Std.
**Hinweis:** Bei diesem gesicherten Steig handelt es sich um ehemalige Kriegswege. Taschenlampe und Steinschlaghelm empfehlenswert. Zahlreiche Tunnels.

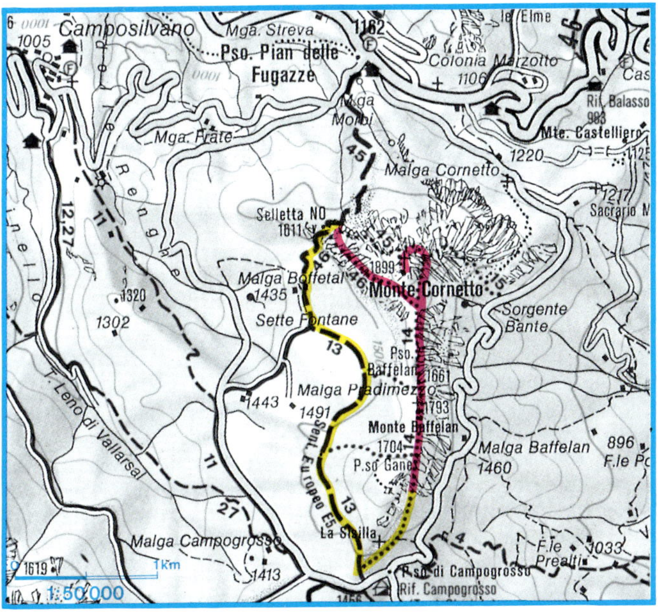

Ausschnitt aus der KOMPASS-Karte Nr. 100

**Aufstieg:** Mit dem Auto vom Scheitelpunkt des Passo Pian delle Fugazze, 1.162 m, kurz in Richtung Camposilvano, 1.005 m, dann links ab und auf der asphaltierten, ehemaligen »Strada delle Sette Fontane« hinauf zur Malga Boffetal, 1.435 m. Auf den Wegen Nr. 46 und E 5 nach Norden steil hinauf in die Selletta NO, 1.611 m. Von dort über den alten »Sentiero d'arroccamento«, Weg Nr. 46, quer durch senkrechte Felswände, Abgründe und Tunnels hinauf zum Passo dei Onari, 1.772 m (Beginn des Cornetto-Südgrates). Der Weg Nr. 14 zum Gipfel führt links weiter durch Tunnels zur Forcella del Cornetto, 1.825 m, und entlang der roten Markierung Nr. 14 und Eisenketten zur Einmündung des Normalweges Nr. 45 vom Passo Pian delle Fugazze, 1.162 m. Über gestufte Felsen zuletzt hinauf zum Monte Cornetto, 1.899 m.

Monte Cornetto von Süden

**Abstieg:** Nach Süden über den mit Türmen und Zacken besetzten Sengio-Alto-Kamm. Auf dem Aufstiegsweg Nr. 14 zurück zum Passo dei Onari, 1.772 m, und auf dem ehemaligen Kriegssteig Nr. 14 weiter über Scharten und durch Tunnels, teilweise gesichert, über den Passo Baffelan, 1.661 m (Wegweiser, Notabstieg nach Westen zur Malga Boffetal – Steigspuren), zum Passo di Gane, 1.704 m, und hinunter zum Rifugio Campogrosso (Toni Giuriolo), 1.456 m. Von dort auf den Wegen Nr. 13 und E 5 nach Nordwesten zurück zum Ausgangspunkt.

**Bemerkung:** Schöner Aussichtsberg und prächtige Blumenflora. Bekanntes Klettergebiet »Piccole Dolomiti«.

**37** **Sentiero alpinistico del Vaio Scuro**
Monte Obante, 2.020 m (Monti Lessini)

**Schwierigkeit:** Leichter Klettersteig
**Ausgangspunkte:** Passo Pian delle Fugazze, 1.162 m – Passo di Campogrosso, 1.456 m (Rifugio Campogrosso »Toni Giuriolo«, 1.456 m)
**Stützpunkte:** Rifugio Campogrosso (Toni Giuriolo), 1.456 m; Rifugio Scalorbi, 1.767 m
**Höhenmeter:** Aufstieg: ca. 1.200 m
Abstieg: ca. 1.200 m
Klettersteig: ca. 300 m
**Gehzeit:** Rifugio Campogrosso (Toni Giuriolo) – Guglie del Fumante – Rifugio Scalorbi – Vaio Pelagatta – Vaio Scuro – Rifugio Campogrosso (Toni Giuriolo), ca. 8 Std.
Klettersteig: ca. 1–1½ Std.
**Hinweis:** Großartige Rundtour in einer einzigartigen Landschaft, voll von Türmen, Nadeln und Felswänden, die nicht zu Unrecht »Piccole Dolomiti« genannt werden.

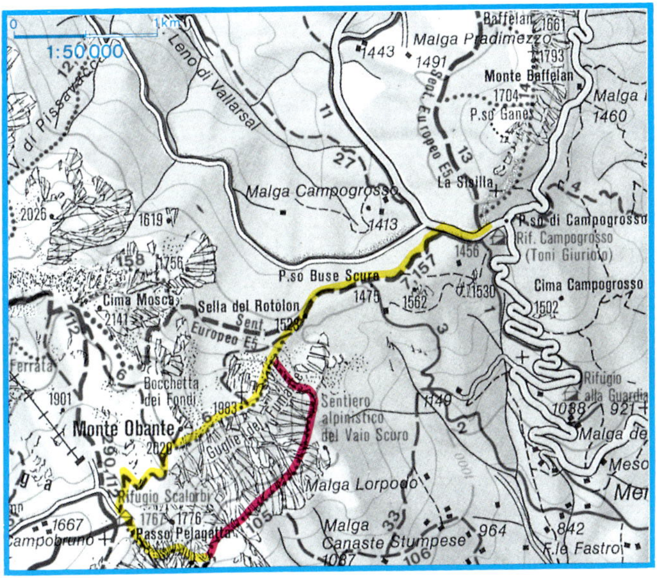

**Wegverlauf:** Mit dem Auto vom Passo Pian delle Fugazze, 1.162 m, auf der asphaltierten Straße westlich oder östlich des Monte Cornetto nach Süden zum Passo di Campogrosso, 1.456 m (Rifugio Campogrosso »Toni Giuriolo«). Von dort auf den Wegen Nr. 7, 157, zugleich auch »Sentiero Europeo E 5«, nach Süden zum Hauptkamm der Guglie de Fumante, 1.983 m. Südlich der Sella de Rotolon, 1.523 m, zweigt links der »Sentiero Alto«, Weg Nr. 6, ab und führt dann über den Hauptkamm des Fumante, entlang des Monte Obante, 2.020 m, hinunter zum Rifugio Scalorbi, 1.767 m, ca. 3 Std. Über den steilen, aber landschaftlich schönen Weg Nr. 114 hinab in den Vaio Pelagatta, ca. 1 Std., bis zur Abzweigung des eigentlichen »Sentiero alpinistico del Vaio Scuro«. Nach links im Auf und Ab über die Selletta delle Poe, ca. 1.400 m. Links oben die Guglie del Fumante. Man erreicht die wilde Klamm des Vaio Scuro, durch die der gesicherte Weg (Drahtseile, Klammern) hinauf auf die

Forcella Bassa, 1.850 m, weiterführt. Der Weg zur Forcella della Scala, ca. 1.850 m, ist recht originell und nicht ganz unschwierig. Von der Forcella kurz abwärts zum »Sentiero Alto«, wo sich der Kreis dieser großartigen Tour wieder schließt, und zurück zum Ausgangspunkt.

**Bemerkung:** Schöne, aber lange Rundtour in den »Piccole Dolomiti«. Großartige Blumenflora.

Rifugio Campogrosso (Toni Giuriolo) mit Monte Obante (Piccole Dolomiti)

### 38 Via ferrata Angelo Viali
Monte Gramolón, 1.814 m (Monti Lessini)

**Schwierigkeit:** Leichter Klettersteig
**Ausgangspunkte:** Arzignano, 118 m — Valle dell' Chiampo — Rifugio Bertagnoli, 1.225 m
**Stützpunkt:** Rifugio Bertagnoli, 1.225 m
**Höhenmeter:** Aufstieg: ca. 600 m
Abstieg: ca. 600 m
Klettersteig: ca. 200 m
**Gehzeit:** Aufstieg: Rifugio Bertagnoli — Monte Gramolón, ca. 2 Std.
Abstieg: Monte Gramolón — Passo Ristele — Rifugio Bertagnoli, ca. 1 1/2 Std.
Klettersteig: ca. 1 1/2 Std.
**Hinweis:** Vorsicht Steinschlag! (Der Weg verläuft meist in einer Schlucht; Steinschlaghelm empfehlenswert.)

**Aufstieg:** Mit dem Auto von Süden über Arzignano, 118 m, durch das Valle dell' Chiampo hinauf zum Rifugio Bertagnoli, 1.225 m. Vom Rifugio erreicht man in wenigen Minuten auf Weg Nr. 221 den Einstieg des Klettersteiges. Der Weg zieht durch eine von gewaltigen Felsfluchten gebildete Schlucht, die mit Hilfe von Drahtseilen und Eisenleitern durchstiegen wird. Auf ca. 1.600 m erreicht man den »Sentiero Milani«, auf dem man zurück zum Ausgangspunkt wandern kann. Der Weiterweg zum Monte Gramolón, 1.814 m, ist eine leichte Wanderung und gut markiert. Den letzten Felsaufschwung kann man entweder umgehen oder direkt mit Hilfe eines Drahtseiles überklettern.

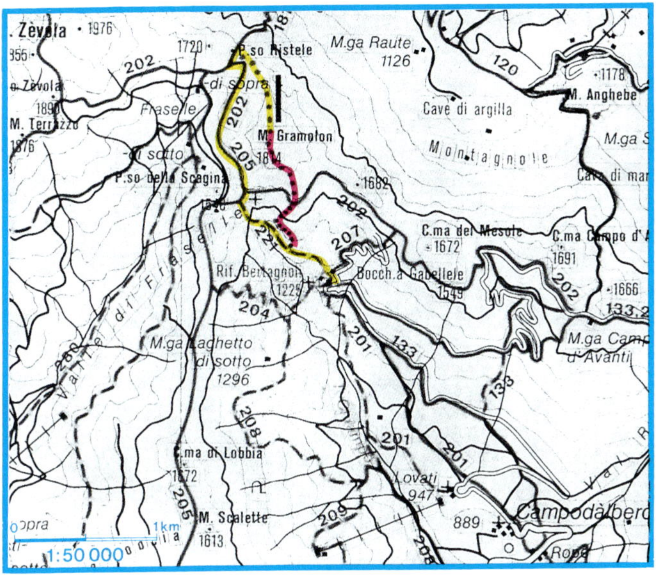

Ausschnitt aus der KOMPASS-Karte Nr. 100

1:50 000

**Abstieg:** Vom Gipfel auf markiertem Steig nördlich hinunter zum Passo Ristele, 1.641 m. Weiter über den »Sentiero Milani« südlich zum Passo della Scagina, 1.548 m, und auf Weg Nr. 221 oder dem »Sentiero Bepi Bertagnoli« zurück zum Ausgangspunkt.

**Bemerkung:** Die höchste Erhebung des Tre-Croci-Kammes, der Monte Zévola, 1.975 m, läßt sich vom Passo Ristele leicht besteigen, ca. 1 Std.

**③⑨ Via ferrata Carlo Campalani**
Cima Carega, 2.259 m (Monti Lessini)

**Schwierigkeit:** Leichter Klettersteig
**Ausgangspunkte:** Tregnago, 317 m – Val d'Illasi – Giazza, 759 m – Rifugio Alpino Revolto, 1.355 m
**Stützpunkte:** Rifugio Alpino Revolto, 1.355 m; Rifugio Passo Pertica, 1.522 m; Rifugio Fraccaroli, 2.238 m; Rifugio Scalorbi, 1.767 m
**Höhenmeter:** Aufstieg: ca. 1.000 m
Abstieg: ca. 1.000 m
Klettersteig: ca. 100 m
**Gehzeit:** Aufstieg: Rifugio Alpino Revolto – Rifugio Scalorbi – Cima Carega, ca. 3$\frac{1}{2}$ Std.
Abstieg: Cima Carega – Rifugio Alpino Revolto, ca. 2 Std.
Klettersteig: ca. $\frac{1}{2}$ Std.
**Hinweis:** Bei genügend Kondition kann auch die »Via ferrata Giancarlo Biasin« am Passo Pertica »mitgenommen« werden, ca. 1 Std. länger.

**Aufstieg:** Mit dem Auto von Süden (Val d'Illasi) über Tregnago und Giazza hinauf zum Rifugio Alpino Revolto, 1.355 m. Von dort wandert man auf der für den öffentlichen Verkehr gesperrten Straße zum Rifugio Passo Pertica, 1.552 m, und weiter zum Rifugio Scalorbi, 1.767 m. Auf den Steigen Nr. 112 und E 5, später nach grüner Markierung (Vorsicht genau beachten!) zum Einstieg des Klettersteiges. Über Eisenbügel, Drahtseile und zum Schluß durch einen Kamin erreicht man den Gipfel der Cima Carega, 2.259 m, und das Rifugio Fraccaroli, 2.238 m.

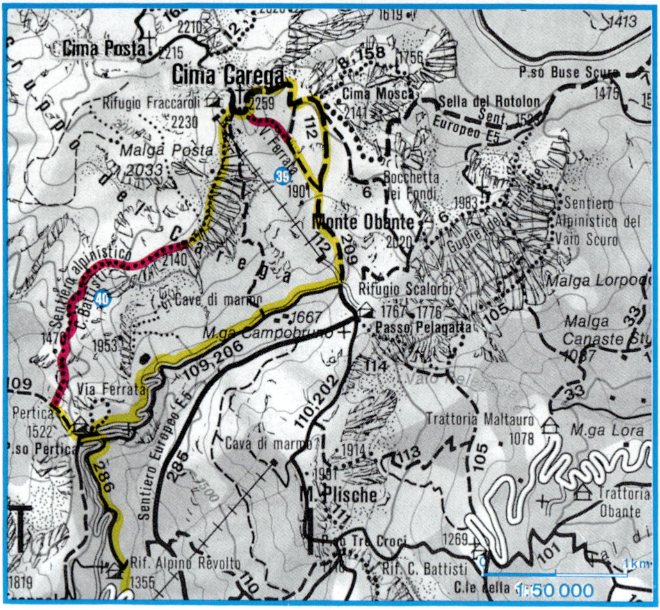


Ausschnitt aus der KOMPASS-Karte Nr. 100

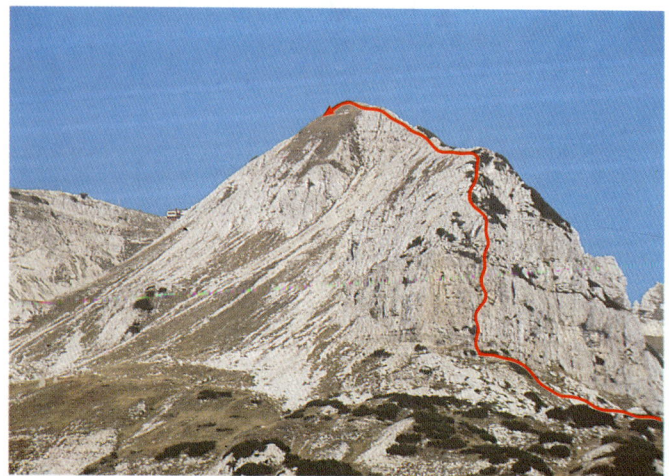

Cima Carega mit Rifugio Fraccaroli von Südosten

**Abstieg:** Von der Hütte auf den Wegen Nr. 112 und E 5 hinab zum Rifugio Scalorbi, 1.767 m, und auf der Straße nach Süden über den Passo Pertica zurück zum Ausgangspunkt.

**Bemerkung:** Herrlicher Blick hinunter in die Tiefebene Venetiens. In der Ortschaft Giazza wird in der Schule wieder der altdeutsche Dialekt (Zimbrisches Teutsch) unterrichtet, der im 13. Jh. von eingewanderten, deutschstämmigen Zimbern gesprochen wurde. Einen Einblick in Geschichte und Lebensweise der Zimbern vermittelt das kleine Ortsmuseum.

### ⁴⁰ Sentiero alpinistico Angelo Pojesi
Cima Carega, 2.259 m (Monti Lessini)

**Schwierigkeit:** Leichter Klettersteig
**Ausgangspunkte:** Tregnago, 317 m — Val d'Illasi — Giazza, 759 m — Rifugio Alpino Revolto, 1.355 m
**Stützpunkte:** Rifugio Alpino Revolto, 1.355 m; Rifugio Passo Pertica, 1.522 m; Rifugio Fraccaroli, 2.238 m; Rifugio Scalorbi, 1.767 m
**Höhenmeter:** Aufstieg: ca. 1.000 m
Abstieg: ca. 1.000 m
Klettersteig: ca. 400 m
**Gehzeit:** Aufstieg: Rifugio Alpino Revolto — Cima Carega, ca. 4¹/₂—5 Std.
Abstieg: Cima Carega — Rifugio Scalorbi — Rifugio Alpino Revolto, ca. 2 Std.
Klettersteig: ca. 2 Std.
**Karte:** siehe Seite 96
**Hinweis:** Landschaftlich großartiger Höhenweg, vielleicht der schönste in den »Piccole Dolomiti«.

Zentraler Teil des Sentiero alpinistico Cesare Battisti von Südwesten

**Aufstieg:** Mit dem Auto von Süden (Val d'Illasi) über Tregnago und Giazza hinauf zum Rifugio Alpino Revolto, 1.355 m. Von dort wandert man auf der für den öffentlichen Verkehr gesperrten Straße hinauf zum Rifugio Passo Pertica, 1.522 m. Gegenüber dem Rifugio, bei einer Hinweistafel, beginnt der »Sentiero alpinistico Angelo Pojesi« und führt sogleich in die Westflanke der Cengia di Pertica, 1.743 m. Teilweise gesichert verläuft der Weg auf Felsbändern durch die Steilabstürze. Im Norden der Cengia di Pertica gelangt man zu einem Kessel und über steile Latschenhänge zur Costa Media, ca. 1.850 m. Vom schönen Aussichtspunkt führen Drahtseile hinunter in eine felsige Rinne und über gut gesicherte Steilstufen hinauf auf den Kamm der Costa Media. Im Auf und Ab über die Selletta Costa Media, 2.098 m, und die Cima Madonnina, 2.140 m, erreicht man die Cima Carega, 2.259 m, mit dem Rifugio Fraccaroli, 2.238 m.

**Abstieg:** Von der Hütte entweder auf den Wegen Nr. 112 und E 5 hinab zum Rifugio Scalorbi, 1.767 m, oder über die »Via ferrata Campalani« zum Rifugio Scalorbi, 1.767 m, und von dort auf der Straße nach Süden über den Passo Pertica zurück zum Ausgangspunkt.

**Bemerkung:** Herrliche Wanderung mit großartiger Aussicht nach Westen in das Etschtal und auf die umliegenden Felsspitzen der »Piccole Dolomiti«. In der Ortschaft Giazza wird in der Schule wieder der altdeutsche Dialekt (Zimbrisches Teutsch) unterrichtet, der im 13. Jh. von deutschstämmigen Zimbern eingeführt wurde. Einen Einblick in Geschichte und Lebensweise der Zimbern vermittelt das kleine Ortsmuseum.

### 🔴41 Percorso attrezzato Carlo Guzzella
Monte Grappa, 1.775 m

**Schwierigkeit:** Schwieriger Klettersteig
**Ausgangspunkte:** Bassano del Grappa, 129 m — Fietta, 380 m — San Liberale, 625 m
**Stützpunkt:** Rifugio Bassano, 1.745 m
**Höhenmeter:** Aufstieg: ca. 1.100 m
Abstieg: ca. 1.100 m
Klettersteig: ca. 400 m
**Gehzeit:** Aufstieg: San Liberale — Monte Grappa, ca. 3$\frac{1}{2}$ Std.
Abstieg: Monte Grappa — San Liberale, ca. 2$\frac{1}{2}$ Std.
Klettersteig: ca. 1$\frac{1}{2}$ Std.
**Hinweis:** Landschaftlich schöner Anstieg vom Valle di San Liberale auf das im Ersten Weltkrieg 1917—1918 hart umkämpfte Gebiet des Monte Grappa, 1.775 m. Großartige alpine und südliche Flora.

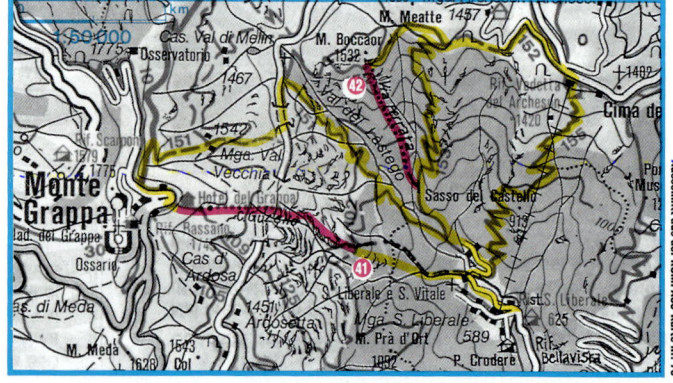

Talschluß des Valle di San Liberale

**Aufstieg:** Zum Ausgangspunkt im Valle di San Liberale gelangt man nur von Süden. Entweder von Bassano del Grappa, 129 m, oder Pederobba, 207 m, nach Fietta, 380 m, und über das schmale Sträßchen bis zum Ristorante San Liberale, 625 m. Von dort westlich, einem Forstweg folgend, über einen Waldrücken steil hinauf zum Einstieg auf ca. 1.200 m. Zuvor quert man noch den Weg Nr. 102. Auf dem gut markierten Steiglein, teilweise mit Drahtseilen gesichert, erreicht man ein altes Militärsträßchen »Strada d'arroccamento«. Hier besteht die Möglichkeit, die Wanderung abzubrechen und ca. 15 Min. nach Norden zu gehen, wo man den Abstieg, Weg Nr. 151, zurück zum Ausgangspunkt benützen kann. Bleibt man aber weiter auf dem gesicherten Steig, so endet dieser in ca. 1.600 m auf einer Alm. Von dort gemütlich hinauf zum Rifugio Bassano, 1.745 m, und Monte Grappa, 1.775 m.

**Abstieg:** Nordöstlich auf Weg Nr. 151 über die Malga Val Vecchia, 1.542 m, hinunter zur »Strada d'arroccamento«, dann ein Stück nach Norden und rechts auf einem alten Kriegspfad, Markierung Nr. 151, in vielen Kehren hinunter zum Ausgangspunkt.

###  Percorso attrezzato Sass Brusai
Monte Boccaor, 1.532 m (Monte Grappa)

**Schwierigkeit:** Schwieriger Klettersteig
**Ausgangspunkte:** Bassano del Grappa, 129 m – Fietta, 380 m – San Liberale, 625 m
**Stützpunkt:** Rifugio Vedetta del Archeson, 1.420 m
**Höhenmeter:** Aufstieg: ca. 900 m
Abstieg: ca. 900 m
Klettersteig: ca. 350 m
**Gehzeit:** Aufstieg: San Liberale – Monte Boccaor, ca. 3 Std.
Abstieg: Monte Boccaor – San Liberale, ca. 2 Std.
Klettersteig: ca. 1$^1/_2$ Std.
**Karte:** siehe Seite 98
**Hinweis:** Origineller Klettersteig, schwieriger und ausgesetzter als jener auf den Monte Grappa.

**Aufstieg:** Der Ausgangspunkt im Valle di San Liberale ist nur von Süden, entweder von Bassano del Grappa, 129 m, oder Pederobba, 207 m, nach Fietta, 380 m, und über das schmale Sträßchen bis zum Ristorante San Liberale, 625 m, zu erreichen. Von dort auf breitem Weg weiter taleinwärts in Richtung des zerklüfteten Felsabbruches des Monte Boccaor, 1.532 m. Zuerst auf Weg Nr. 153, wo der rot markierte Steig links abzweigt und über den bewaldeten Rücken zwischen dem Val del Lastego und dem Monte Meatte hinauf zum Einstieg, ca. 1.200 m, führt. Dieser Klettersteig verläuft am Südgrat des Monte Boccaor, 1.532 m, und wird immer wieder von leichteren Wegabschnitten unterbrochen. Trotzdem bietet er ein abwechslungsreiches Klettersteigerlebnis. Den Höhepunkt bildet eine Hängebrücke, die, nur aus 3 Drahtseilen bestehend, zwei Grattürme verbindet. Über einen weiteren Steilaufschwung, einen Sprung über einen Felsspalt und ein senkrechtes Wandl erreicht man den Gipfel des Monte Boccaor, 1.532 m.

**Abstieg:** Nach Osten über Wiesen in die Sella delle Mure und südlich des Monte Meatte in vielen Serpentinen, Weg Nr. 153, hinunter zum Ausgangspunkt oder weiter nach Osten in Richtung Cima della Mandria, 1.482 m, zum Rifugio Vedetta del Archeson, 1.420 m, und nach Süden hinab zum Ristorante San Liberale, 625 m.

**Bemerkung:** Bei genügend Zeit und Kondition kann man auch nach Westen auf den Monte Grappa, 1.775 m, wandern und auf Weg Nr. 151 zum Ausgangspunkt zurückkehren.

**④③** **Via ferrata Giancarlo Biasin**
   Cengia di Pértica, 1.743 m (Monti Lessini)
**Schwierigkeit:** Schwieriger Klettersteig
**Ausgangspunkte:** Tregnago, 317 m – Val d'Illasi – Giazza, 759 m – Rifugio Alpino Revolto, 1.355 m
**Stützpunkte:** Rifugio Alpino Revolto, 1.355 m; Rifugio Passo Pertica, 1.522 m
**Höhenmeter:** Aufstieg: ca. 400 m
Abstieg: ca. 400 m
Klettersteig: ca. 100 m
**Gehzeit:** Aufstieg: Rifugio Alpino Revolto – Passo Pertica – Cengia di Pertica, ca. 1$^{1}/_{2}$ Std.
Abstieg: Cengia di Pertica – Rifugio Alpino Revolto, ca. 1 Std.
Klettersteig: ca. $^{1}/_{2}$ Std.
**Hinweis:** Bei genügend Kondition kann man auch über die »Via ferrata Carlo Campalani« auf die Cima Carega, 2.259 m, steigen und im Abstieg über den »Sentiero alpinistico Angelo Pojesi« wieder das Rifugio Alpino Revolto, 1.355 m, erreichen. Sehr lange, aber einzigartige Rundtour (insgesamt ca. 7½ – 8 Stunden).

**Aufstieg:** Mit dem Auto von Süden (Val d'Illasi) über Tregnago und Giazza hinauf zum Rifugio Alpino Revolto, 1.355 m. Von dort wandert man auf der für den öffentlichen Verkehr gesperrten Straße zum Rifugio Passo Pertica, 1.522 m, und zum Einstieg des Klettersteiges. Gut gesichert, aber ausgesetzt und teilweise überhängend klettert man in einem Riß hinauf zum Gipfel des Cengia di Pértica, 1.743 m.

**Abstieg:** Kurz vor dem letzten Drahtseil führt rechts ein Steig über einen Latschenhang in der Südostflanke zurück zum Passo Pertica, 1.522 m. Von dort entweder zur »Via ferrata Campaloni« oder auf dem beschriebenen Aufstiegsweg zurück zum Ausgangspunkt.

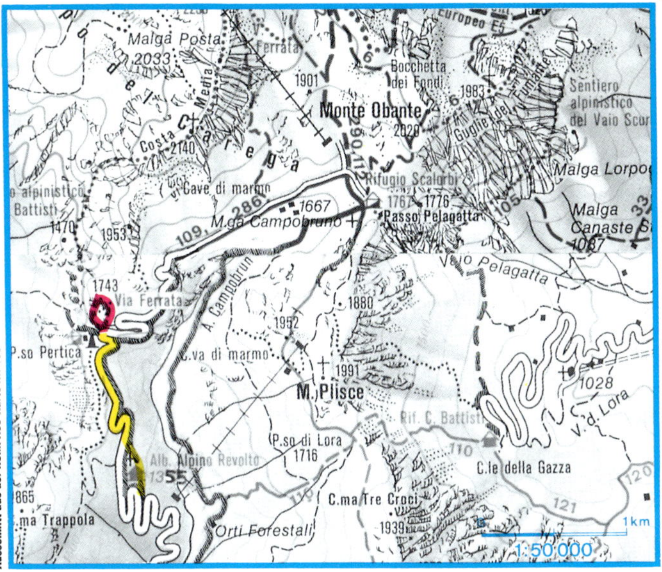


Ausschnitt aus der KOMPASS-Karte Nr. 100

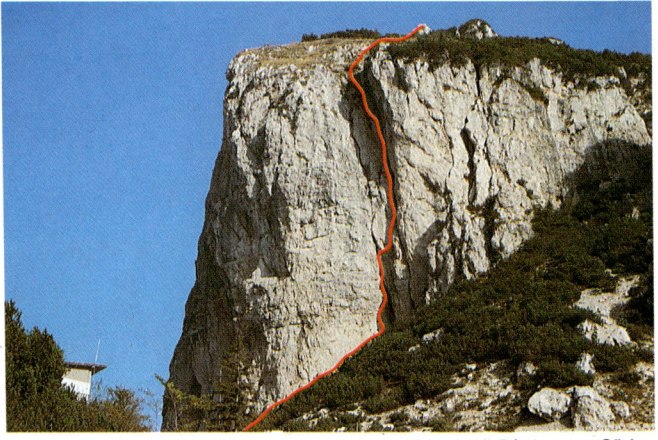

**Bemerkung:** Sehr kurzer, aber relativ schwerer und ausgesetzter Klettersteig. In der Ortschaft Giazza wird in der Schule wieder der altdeutsche Dialekt (Zimbrisches Teutsch) unterrichtet, der im 13. Jh. von eingewanderten deutschstämmigen Zimbern eingeführt wurde. Einen Einblick in Geschichte und Lebensweise der Zimbern vermittelt das kleine Ortsmuseum.

Cengia di Pértica von Süden

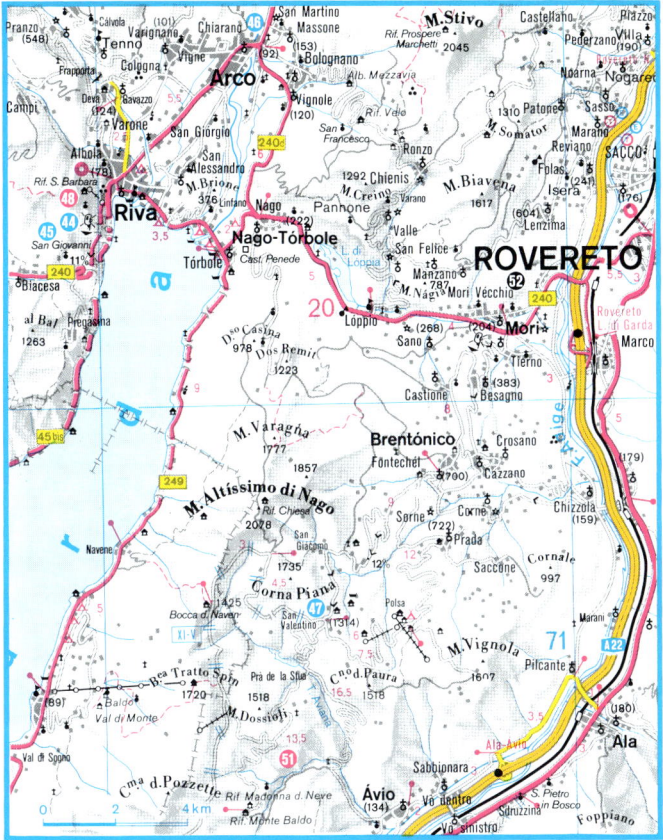

Es ist naturgemäß der berühmte See, der die meisten Besucher in dieses Gebiet lockt. Es konnte nicht ausbleiben, daß den berginteressierten Touristen die Vorzüge der umliegenden Gruppen auffielen und diese mehr als nur ein Geheimtip wurden. Dreitausender sind hier keine zu bewältigen, doch erreichen immerhin 20 Gipfel im nordöstlichen Seenrund die Zweitausendermarke. Die günstigen klimatischen Verhältnisse, die manche Steige fast das ganze Jahr über begehbar machen, sowie die durchschnittlich geringen Anstiegshöhen machen das Gebiet für Herbst- und Frühjahrstouren besonders empfehlenswert. Man wird an die bayrischen Voralpen erinnert, wenn man vom erhöhten Standpunkt aus den Blick über die einzelnen Kämme schweifen läßt, wobei vor allem die starke Bewaldung, zum Teil bis in die Gipfelregio-

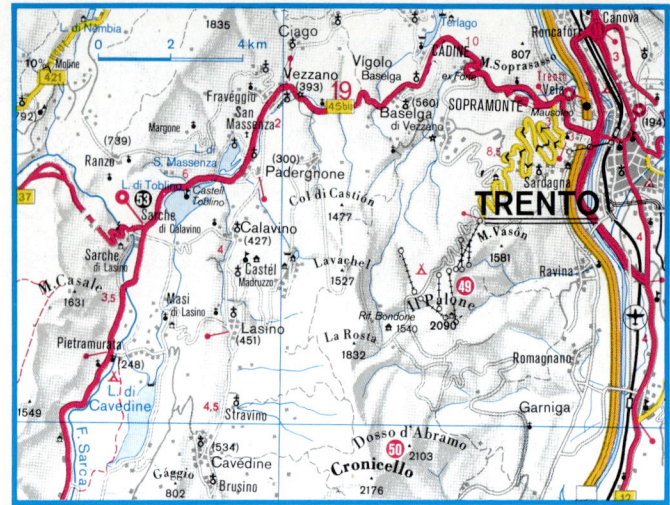

nen, zu diesem Eindruck beiträgt. Besonders reizvoll ist dabei das Zusammentreffen alpiner und mediterraner Vegetationsformen, teilweise auch noch in beachtlichen Höhen (Monte Baldo). Nach ihrer Lage und Abgrenzung gliedert man die Gardaseeberge in 3 Gruppen: im Westen die Bresciagruppe mit dem Monte Caplone, 1.976 m, im Nordwesten die Cadriagruppe mit dem gleichnamigen Berg, 2.254 m, und im Osten der berühmteste und bekannteste Teil, der Monte Baldo mit den höchsten Spitzen um 2.200 m. Wesentlich kleiner als die anderen ist das Gebiet um den Monte Stivo, 2.059 m, im Nordosten des Gardasees, das hier nur der Ordnung halber erwähnt wird. Ein ganz wesentlicher Unterschied zwischen West- und Ostteil liegt in der starken Gliederung, denn während in den Brescianer Alpen eine unregelmäßige, starke Verzweigung vorherrscht, besticht der Monte Baldo mit seinem fast parallel zum See verlaufenden, geraden Hauptkamm. Ein Charakteristikum aller Gruppen ist auch ein außergewöhnlich dichtes Netz von manchmal abenteuerlichen Nebenstraßen, die dem Bergsteiger die Möglichkeit geben, mit dem Auto in relativ große Höhen zu kommen. Da auch ein dichtes Wegenetz besteht, ist die Zahl der Unterkunftsmöglichkeiten ausreichend.

Von sehr leicht bis schwierig reicht die Palette der bergsteigerischen Betätigung. Das Gebiet abseits des Sees ist nicht einmal in der Hauptsaison überlaufen. Der Monte Baldo als markantester und bekanntester Bergzug am Gardasee war mit dem Monte Stivo im 1. Weltkrieg teilweise hart umkämpft. Die Schlachten von San Martino und Solferino 1859 tangierten diese Region. Diesem Umstand wird auch die Vielzahl an Straßen und Wegen zugeschrieben. Charakteristisch für den Monte Baldo sind die steil abfallenden Felsen im Westen und im Gegensatz dazu die sanften Hänge der Ostseite, die immer wieder durch kleine

Hochflächen aufgelockert werden. Hier ist das Nebeneinander der alpinen und südländischen Vegetationsgruppen besonders deutlich, und der Umstand, daß eiszeitliche Gletscherabtragungen nicht wirksam wurden, hat zum Erhalt einzigartiger Pflanzen beigetragen (Anemone, Segge, wilde Pfingstrose, Dafodill). Der See selbst wurde durch den riesigen Etschtalgletscher gebildet, der Südteil liegt im Bereich der gewaltigen, ehemaligen Endmoräne. Durch das Klima stark begünstigt, hat sich am Seeufer ein schmaler mediterraner Vegetationsgürtel aufgebaut, der in phantastischem Gegensatz zu den teilweise steil aufragenden Felswänden steht. Dazu kommt der Einfluß südländischer Lebensart. Die vielgerühmte Atmosphäre der Orte am Gardasee beschreiben zu wollen, ist überflüssig.

Drei Provinzen teilen sich den Gardasee (Brescia, Trient und Verona), der im wechselvollen Spiel der Geschichte die verschiedensten Staatsangehörigkeiten erlebte, wie die bayrische, französische oder österreichische.

## Klettersteige in den Gardaseebergen

 **Sentiero attrezzato Fausto Susatti**
Cima Capi, 927 m (Gardaseeberge)

**Schwierigkeit:** Leichter Klettersteig
**Ausgangspunkt:** Riva del Garda, 78 m
**Stützpunkt:** Riva del Garda, 78 m
**Höhenmeter:** Aufstieg: ca. 800 m
Abstieg: ca. 800 m
Klettersteig: ca. 100 m
**Gehzeit:** Aufstieg: Riva del Garda – Cima Capi, ca. $2^1/_2$ Std.
Abstieg: Cima Capi – Riva del Garda, ca. $2^1/_2$ Std.
Klettersteig: ca. $^1/_2$ Std.
**Hinweis:** Beste Jahreszeiten Frühjahr und Herbst, im Sommer sehr heiß. Dieser Klettersteig benützt alte Frontwege entlang von Kavernen und Beobachtungsstellen aus den Jahren 1915–1917.

**Aufstieg:** Das Auto läßt man in Riva del Garda am Parkplatz stehen und wandert etwa 2 km auf der Staatsstraße Nr. 240 (Lago di Ledro) nach Süden. Nach dem vierten Tunnel, bei einem kleinen Parkplatz, rechts ab und auf gutem Weg Nr. 405 in ein Wäldchen. Über Grashänge empor erreicht man die ersten Kavernen. Der teilweise gesicherte Weg führt über den Südgrat hinauf zum Gipfel der Cima Capi, 927 m.

**Abstieg:** Zwei Varianten stehen zur Auswahl:
Man folgt dem Steig nach Norden bis man nach etwa $^1/_4$ Std. eine Abzweigung erreicht.
1) Man hält sich nach links zur Grotta Daei und weiter auf Weg Nr. 417 durch das Val Vasotina hinunter nach Biacesa (Wegweiser nach Biacesa). Busverbindung nach Riva del Garda. Gehzeit ca. 1 Std.
2) Man hält sich geradeaus und dann nach rechts durch eine steile Wand, in der man nach $^3/_4$ Std. wieder zu einer Abzweigung kommt:
a) entweder auf Weg Nr. 405 nach Riva rechts ab oder
b) auf Weg Nr. 404 zur St.-Barbara-Kapelle und zum Abstiegsweg von der »Ferrata Via dell' Amicizia«.
Nach Riva del Garda ca. 2 Std. bzw. $2^1/_2$ Std.

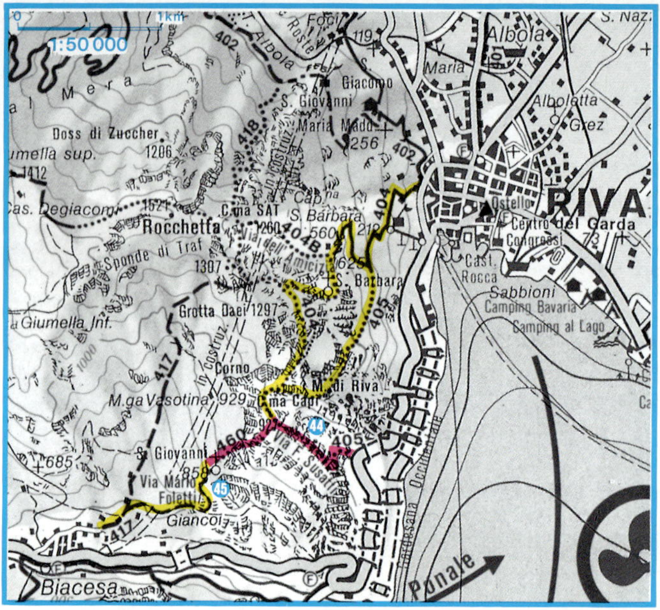


Ausschnitt aus der KOMPASS-Karte Nr. 101

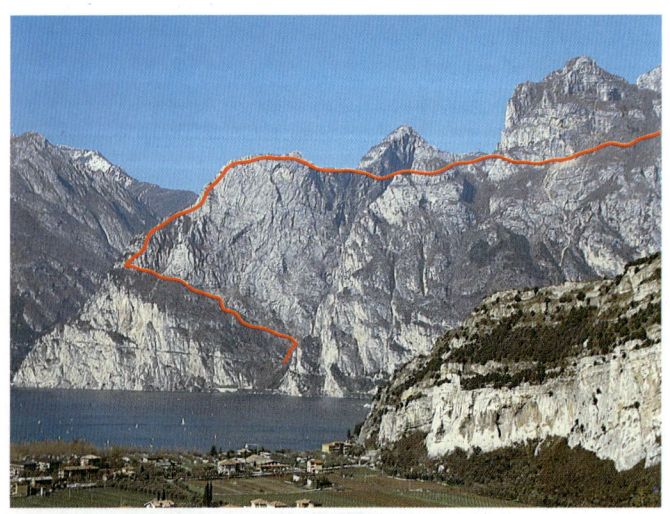

**Bemerkung:** Sehr mildes Klima, daher reich an südalpiner Flora. Immer wieder bezaubernder Blick auf Riva del Garda und den Gardasee.

Cima Capi von Osten

**Sentiero attrezzato Mario Foletti**
Cima Capi, 927 m (Gardaseeberge)

**Schwierigkeit:** Leichter Klettersteig
**Ausgangspunkte:** Riva del Garda, 78 m – Biacesa, 418 m
**Stützpunkt:** Riva del Garda, 78 m
**Höhenmeter:** Aufstieg: ca. 500 m
Abstieg: ca. 800 m
Klettersteig: ca. 100 m
**Gehzeit:** Aufstieg: Biacesa – Cima Capi, ca. $1^1/_2$ Std.
Abstieg: Cima Capi – Riva del Garda, ca. $2^1/_2$ Std.
Klettersteig: ca. $^1/_2$ Std.
**Hinweis:** Von Riva del Garda, 78 m, besteht eine Busverbindung nach Biacesa, 418 m.

Cima Capi von Westen

**Aufstieg:** Von Biacesa, 418 m, auf Weg Nr. 460 hinauf zum kleinen Kirchlein S. Giovanni, 858 m. Nun kurz abwärts, dann steil auf ein schräges Felsband und gut gesichert durch die Südabstürze des Cima-Capi-Stockes. Am Speronekamm erreicht man den »Sentiero attrezzato Fausto Susatti« und den Gipfel der Cima Capi, 927 m.

**Abstieg:** Siehe »Sentiero attrezzato Fausto Susatti«!

**Bemerkung:** Sehr mildes Klima, daher reich an südalpiner Flora. Beim Abstieg immer wieder bezaubernder Blick auf Riva und den Gardasee.

 **Sentiero attrezzato dei Colodri**
Colodri, ca. 350 m (Gardaseeberge)

**Schwierigkeit:** Leichter Klettersteig
**Ausgangspunkt:** Arco, 85 m
**Stützpunkt:** Arco, 85 m
**Höhenmeter:** Aufstieg: ca. 200 m
Abstieg: ca. 200 m
Klettersteig: ca. 100 m
**Gehzeit:** Aufstieg: Arco – Colodri, ca. 1 Std.
Abstieg: Colodri – Arco, ca. $1^1/_2$ Std.
Klettersteig: ca. $^1/_2$ Std.
**Hinweis:** Die Felsen rund um Arco, besonders der Colodri, sind ein bekanntes Kletterdorado für Extreme.

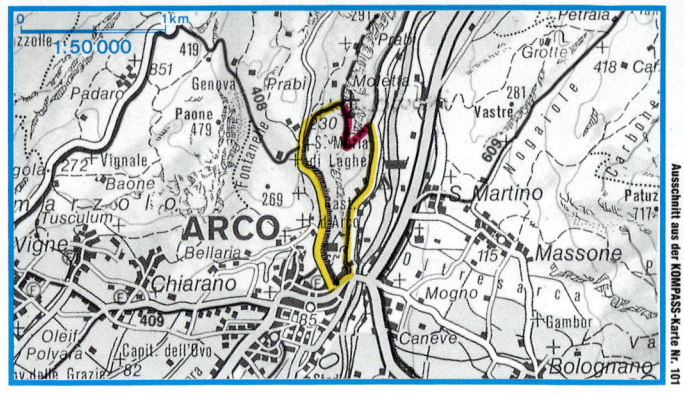

**Aufstieg:** Von Arco, 85 m, mit dem Auto nach Norden in Richtung Schwimmbad und Campingplatz. Der Steig beginnt direkt gegenüber dem Schwimmbad, führt durch einen schön angelegten Klettergarten und verläuft dann diagonal zuerst nach Norden, dann nach Süden durch die Felsflanke und ist durchgehend sehr gut gesichert. Vom Kamm unschwierig nach Norden hinauf zum Gipfel des Colodri, ca. 350 m.

**Abstieg:** Vom Gipfel bieten sich zwei Möglichkeiten, um wieder zurück zum Ausgangspunkt zu gelangen.
1. Gleich wie Aufstieg.
2. Zuerst nach Norden, dann nach Südwesten hinunter zum Sträßchen nach San Maria di Laghel und durch schöne Olivenhaine zurück nach Arco.

Colodri von Osten

**Bemerkung:** Immer wieder herrlicher Blick in das fruchtbare Sarcatal. Diesen Steig kann man das ganze Jahr begehen. Man sollte auch nicht versäumen vom Kurplatz in Arco in rund $\frac{1}{2}$ Std. zum Castell d'Arco zu wandern.

###  47 Sentiero attrezzato Corne de Bes
Corna Piana, 1.735 m (Gardaseeberge)

**Schwierigkeit:** Leichter Klettersteig
**Ausgangspunkte:** Mori, 197 m; Avio, 165 m – Passo di San Valentino, 1.314 m (Erholungsgebiet im Winter und Sommer)
**Stützpunkt:** San Valentino, 1.314 m
**Höhenmeter:** Aufstieg: ca. 500 m
Abstieg: ca. 500 m
Klettersteig: ca. 100 m
**Gehzeit:** Aufstieg: San Valentino – Corna Piana, ca. $1\frac{1}{2}$ Std.
Abstieg: Corna Piana – Passo Canaletta – San Valentino, ca. $1\frac{1}{2}$ Std.
Klettersteig: ca. $\frac{1}{2}$ Std.
**Hinweis:** Nettes, kurzes und sehr leichtes Klettersteigerlebnis. Halbtagesausflug.

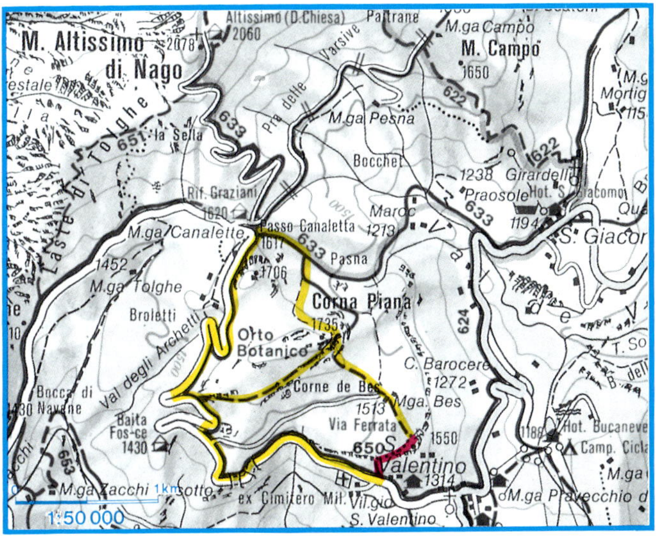

Ausschnitt aus der KOMPASS-Karte Nr. 101

1:50 000

**Aufstieg:** Den Passo San Valentino, 1.314 m, erreicht man entweder von Norden über Mori, 197 m, und Brentonico, 694 m, oder von Süden über Avio, 165 m. Schönes Wander- und Skigebiet. Wenige hundert Meter westlich von S. Valentino, auf der Straße zum Passo Canaletta, 1.617 m, befindet sich rechts eine Hinweistafel. Der Steig Nr. 650 verläuft zuerst steil im Zickzack aufwärts zum Fuß der Felsmauer und von dort nach rechts mit Hilfe von Drahtseilen diagonal durch die Felsabstürze. Vom Kamm – dort endet der Klettersteig auf ca. 1.540 m – Weg Nr. 650 abwärts zur Malga Bes, 1.511 m, und anschließend auf einem ehemaligen Kriegspfad durch die Südflanke des Corna Piana, 1.735 m, zum Gipfel.

Unterer Teil des Sentiero attrezzato Corne de Bes

**Abstieg:** Vom Gipfel bieten sich drei Möglichkeiten, um wieder zurück nach San Valentino zu gelangen.
1. Auf markiertem Weg nach Norden zum Passo Canaletta, 1.617 m, und östlich um den Bergstock zurück zur Malga Bes, 1.511 m.
2. Vom Passo Canaletta über die Straße »General Graziani« zurück nach San Valentino.
3. Vom Gipfel direkt nach Westen hinunter zur Straße »General Graziani« und zurück nach San Valentino (kürzeste Variante).

**Bemerkung:** Bei genügend Zeit und Kondition kann man auch noch vom Passo Canaletta, 1.617 m, auf gemütlichem Weg zum herrlichen Aussichtsberg Monte Altissimo di Nago, 2.078 m, wandern. Einzigartige Blumenflora und herrlicher Blick auf den Gardasee. Es empfiehlt sich auch eine Rundfahrt mit dem Auto von San Valentino, 1.314 m, zum Passo Canaletta, 1.617 m, weiter nach Süden zur Bocca di Navene, 1.430 m, und um den Monte Dossioli, 1.518 m, zurück zur Straße, die von Avio zum Passo di San Valentino führt.

**48** **Ferrata Centenario S. A. T. Via dell' Amicizia**
Cima S. A. T., 1.250 m (Gardaseeberge)

**Schwierigkeit:** Schwieriger Klettersteig
**Ausgangspunkt:** Riva del Garda, 78 m
**Stützpunkt:** Riva del Garda, 78 m
**Höhenmeter:** Aufstieg: ca. 1.200 m
Abstieg: ca. 1.200 m
Klettersteig: ca. 600 m
**Gehzeit:** Aufstieg: Riva – Capanna S. Barbara – Cima S. A. T., ca. 3½–4 Std.
Abstieg: Cima S. A. T. – Weg Nr. 404 – Riva, ca. 2 Std.
Klettersteig: ca. 1½–2 Std.
**Hinweis:** Beste Jahreszeiten Frühjahr und Herbst, im Sommer sehr heiß. Eisenleitern sind sehr ausgesetzt geführt.

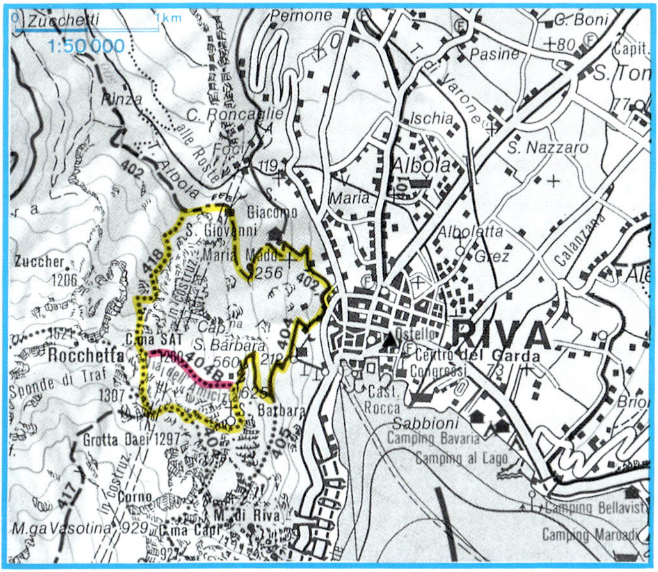


Ausschnitt aus der KOMPASS-Karte Nr. 101

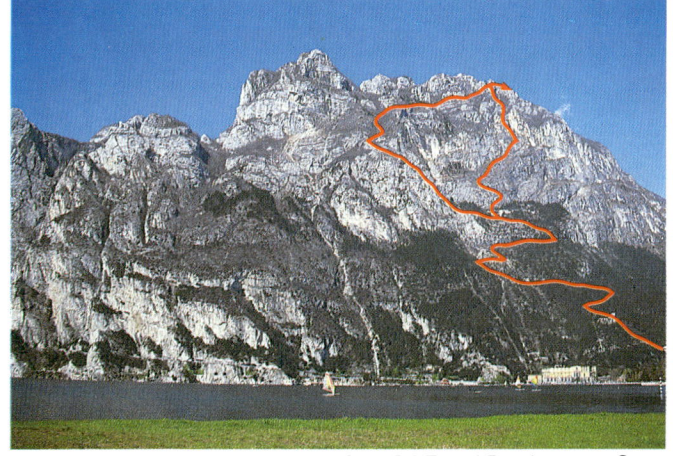

**Aufstieg:** Von der westlichen Umfahrungsstraße (Hinweisschild: Klettersteig) auf gemütlichem Weg Nr. 404 zur Capanna S. Barbara, 560 m (meistens geschlossen). Von dort nicht südlich auf Weg Nr. 404 weiter, sondern rechts abbiegen (Hinweistafel) zu den ersten Drahtseilen. Über zwei sehr lange, ausgesetzte Leitern (45 m und 70 m) und später wieder an Drahtseilen entlang erreicht man die Cima S. A. T., 1.250 m.

Cima S.A.T. und Rocchetta von Osten

**Abstieg:** Nach Nordwesten über eine gesicherte Steilstufe hinunter in den Sattel, wo sich zwei Abstiegsvarianten bieten:

a) Nach Norden auf Weg Nr. 418 und zuletzt auf Weg Nr. 402 zurück nach Riva del Garda, 78 m.

b) Nach Süden, an zwei Kavernen vorbei (Gebirgskrieg 1915−1917) und auf Weg Nr. 404, zuletzt über eine Eisenleiter hinab zur Kapelle S. Barbara und weiter auf dem Aufstiegsweg hinunter nach Riva del Garda, 78 m. Kürzer und schöner, aber schwieriger.

**Bemerkung:** Faszinierender Blick auf Riva und den Gardasee.

**49 Sentiero attrezzato Pero Degasperi**
Monte Bondone il Palon, 2.091 m (Gardaseeberge)

**Schwierigkeit:** Schwieriger Klettersteig
**Ausgangspunkt:** Siedlung Monte Bondone (Skigebiet), Hotel Baita Montesel, ca. 1.450 m. Kurvige Straße von Trento
**Stützpunkte:** Hotels und Gasthöfe in Monte Bondone, ca. 1.450 m
**Höhenmeter:** Aufstieg: ca. 700 m
Abstieg: ca. 700 m
Klettersteig: ca. 400 m
**Gehzeit:** Aufstieg: Hotel Baita Montesel – Monte Bondone il Palon, ca. 4 Std.
Abstieg: Monte Bondone il Palon – Hotel Baita Montesel, ca. 1 1/2 Std.
Klettersteig: ca. 2 Std.
**Hinweis:** Vorsicht bei der langen Querung an den steilen Wiesenhängen zum Einstieg! Nur bei trockenen Verhältnissen begehen! Im Sommer sehr heiß. Kein Wasser.

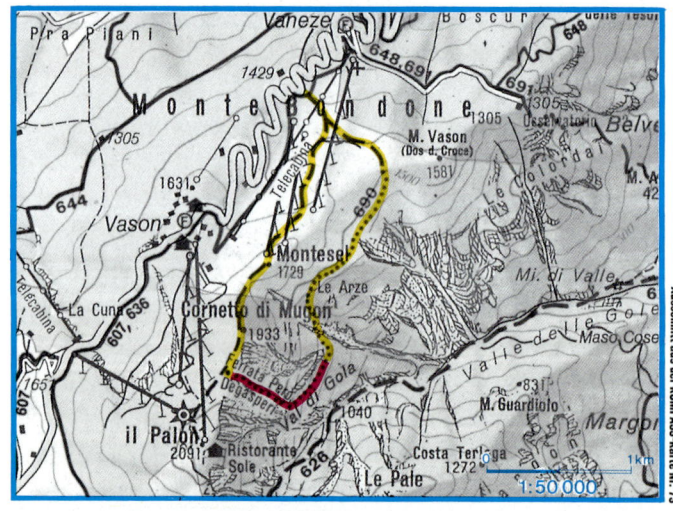

Ausschnitt aus der KOMPASS-Karte Nr. 73

**Aufstieg:** Parkplatz beim Hotel Baita Montesel, ca. 1.450 m. Über Wiesen quert man auf Weg Nr. 690 leicht ansteigend in die Scharte zwischen Montesel, 1.729 m, und Monte Vason, 1.581 m. Dort Wegweiser zum Klettersteig. Nun in ungefähr einer Stunde durch die steile Ostflanke des Montesel, bis man den eigentlichen Einstieg des Klettersteiges erreicht. Vorsicht bei Nässe! Steil schräg aufwärts zu einer kleinen

Scharte und über den gesicherten, aber teilweise sehr ausgesetzten Ostpfeiler hinauf zum Verbindungsgrat des Monte Bondone il Palon, 2.091 m, und Cornetto di Mugon, 1.933 m.

Monte Bondone il Palon von Osten

**Abstieg:** Wer dem Rummel des Seilbahnbetriebes auf dem Gipfel ausweichen möchte kann sich gleich nach Nordwesten durch Latschenfelder einen Weg hinunter zum Auto suchen. Sonst auf den Gipfel und dann mit einem der Lifte oder zu Fuß zurück zum Ausgangspunkt.

**Bemerkung:** Schöne Aussicht auf Trento, ins Etschtal und hinüber, nach Westen, zur Brentagruppe.

 **Ferrata Giulio Segata**
Dosso d'Abramo, 2.133 m (Gardaseeberge)

**Schwierigkeit:** Schwieriger Klettersteig
**Ausgangspunkt:** Parkplatz auf der Hochfläche von Viote, ca. 1.550 m
**Stützpunkt:** Rifugio Alpino Fratelli Tambosi, 1.547 m
**Höhenmeter:** Aufstieg: ca. 600 m
Abstieg: ca. 600 m
Klettersteig: ca. 100 m
**Gehzeit:** Aufstieg: Parkplatz Viote del Bondone – Dosso d'Abramo, ca. 2$\frac{1}{2}$ Std.
Abstieg: Dosso d'Abramo – Parkplatz, ca. 1$\frac{1}{2}$ Std.
Klettersteig: ca. $\frac{1}{2}$ Std.
**Hinweis:** Kurzer, origineller, aber sehr kräfteraubender Klettersteig in senkrechtem, überhängendem Fels.

**Aufstieg:** Vom großen Parkplatz auf der Hochfläche von Viote del Bondone nach Osten und über einen Fahrweg rechts ab zu den Wiesen von Viote del Bondone (Parkmöglichkeit, aufgelassener Skilift). Nach Süden bleibt man immer auf dem Bergrücken (ehemalige Lifttrasse) und erreicht eine Hinweistafel zum Klettersteig und bald darauf die Scharte zwischen Cornetto, 2.180 m, im Westen und Dosso d'Abramo, 2.133 m, im Osten. Von dort steigt man entlang der steilen Südabstürze des

Dosso d'Abramo von Westen

Dosso d'Abramo auf markiertem Steiglein nach Osten zum Einstieg des Klettersteiges. Der kurze, aber sehr kräfteraubende Klettersteig ist mit Drahtseilen und wenigen Eisenstiften vorzüglich abgesichert und führt am Anfang und am Ende durch einzigartige Felsenlöcher hinauf auf das Gipfelplateau des Dosso d'Abramo, 2.133 m.

**Abstieg:** Will man zum Einstieg des Klettersteiges zurückkehren, wendet man sich auf dem markierten Steig in Richtung Gipfelkreuz und steigt dann durch eine gesicherte Rinne in östlicher Richtung ab. Schneller und schöner ist der gesicherte Steig, der nach Westen, in den Sattel zwischen Cornetto, 2.180 m, und Dosso d'Abramo, 2.133 m, hinunterführt. Auf dem Aufstiegsweg zurück zum Ausgangspunkt.

**Bemerkung:** Beste Zeit im Frühsommer (Blumenvielfalt) oder Herbst. Schöner Aussichtsberg.

**51** **Sentiero attrezzato Gerardo Sega**
Monte-Baldo-Gebiet, ca. 1.300 m (Monte-Baldo-Gruppe)

**Schwierigkeit:** Schwieriger Klettersteig
**Ausgangspunkte:** Avio, 165 m – Valle dei Molini, ca. 300 m
**Stützpunkte:** Rifugio Monte Baldo; Albergo Alpino, 1.120 m
**Höhenmeter:** Aufstieg: ca. 1.000 m
Abstieg: ca. 1.000 m
Klettersteig: ca. 300 m
**Gehzeit:** Aufstieg: Valle dei Molini – Ausstieg, ca. 4 Std.
Abstieg: Ausstieg – Madonna delle Neve – Valle dei Molini, ca. 3 Std.
Klettersteig: ca. 1½–2 Std.
**Hinweis:** Dieser Klettersteig befindet sich in einem einsamen, landschaftlich großartigen Gebiet, umrahmt von den gelben Wänden und Überhängen des Valle dei Molini.

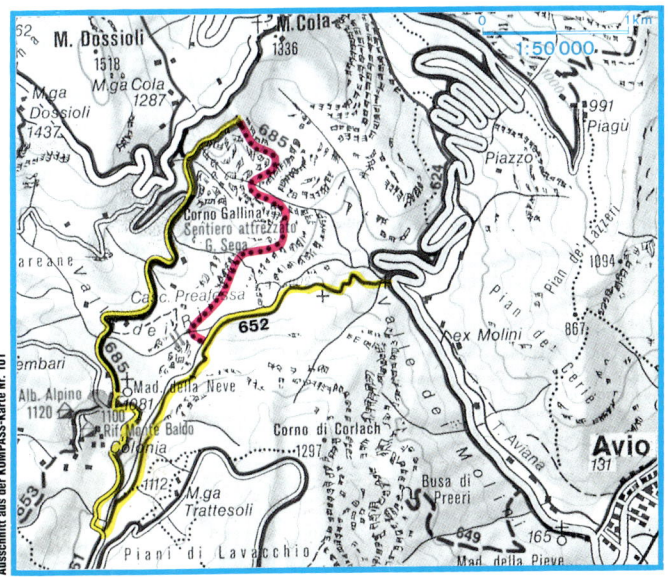

**Aufstieg:** Auf der Straße von Avio, 165 m, durch das Valle dei Molini erreicht man bei der ersten Kehre, nach ca. 3 km, einen Parkplatz. Über den breiten Weg Nr. 652 hinauf bis zur Weggabelung unterhalb des Preafessa-Wasserfalles (Cascata Preafessa). Hier hält man sich nach rechts und gelangt auf dem schmalen Steig Nr. 685 zum eigentlichen Einstieg des Klettersteiges, unter ein riesiges Dach (Vorsicht Steinschlag!). Nun über eine Leiter und gesicherte Bänder mitten durch das Felsdach. Zum Schluß auf steilen, nur teilweise gesicherten Wald- und Felspassagen zum Ausstieg. Kurz durch den Wald hinauf zu einem Fahrweg (Hinweisschild nach Avio).

Sentiero attrezzato Gerardo Sega von Osten

**Abstieg:** Auf dem Fahrweg immer nach Süden bis man die Kirche Madonna delle Neve, 1.081 m, erreicht. Gleich darauf verfolgt man bei einem Haus die Wegabzweigung nach links weiter. Der Fahrweg führt hinunter in die Schlucht des Aviana-Baches. Von dort über den gut markierten breiten Weg Nr. 685 nach links zum Ausgangspunkt.

**Bemerkung:** Lange und einsame Bergfahrt.

### 🕔 Via ferrata Monte Albano
Monte Albano, 660 m (Gardaseeberge)

**Schwierigkeit:** Besonders schwieriger Klettersteig
**Ausgangspunkt:** Mori, 197 m
**Stützpunkt:** Mori, 197 m
**Höhenmeter:** Aufstieg: ca. 300 m
Abstieg: ca. 300 m
Klettersteig: ca. 200 m
**Gehzeit:** Aufstieg: Mori – Monte Albano, ca. 2 Std.
Abstieg: Monte Albano – Mori, ca. 1 Std.
Klettersteig: ca. 1$\frac{1}{2}$ Std.
**Hinweis:** Dieser Klettersteig gehört zu den anspruchsvollsten und ausgesetztesten Steiganlagen. Leider fehlt die alpine Umgebung wie bei den großen Steiganlagen in den Dolomiten und der Brentagruppe.

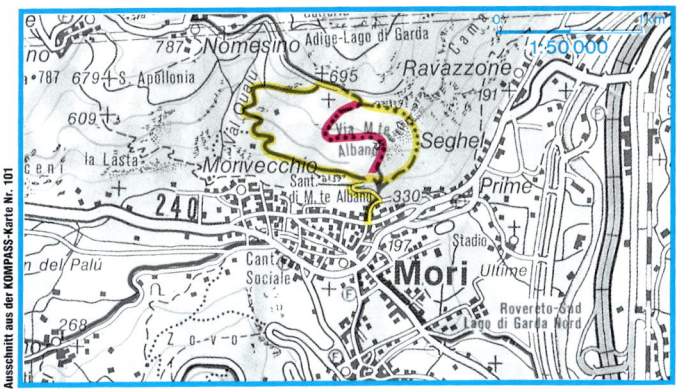

**Aufstieg:** Von Mori, 197 m (mehrere Wegweiser zum Klettersteig), spaziert man hinauf zum Wallfahrtskirchlein Santuario di Monte Albano. Weiter über einen herrlichen Rastplatz und Wald zum Einstieg. Die ersten Meter sind nicht gesichert. Über senkrechte, überhängende Wandstellen und Quergänge weiter hinauf in den leichteren Mittelteil dieser Wandflucht. Hervorragend abgesichert, aber immer noch sehr ausgesetzt, erreicht man das Ende des Klettersteiges über einen ca. 50 m hohen Steilaufschwung.

Monte Albano von Mori

**Abstieg:** Bei der Wegteilung oberhalb des Ausstieges bestehen 2 Abstiegsvarianten nach Mori:
a) Nach links, auf dem breiten »Sentiero Rientro« hinauf zu den Wiesen, wo man einen asphaltierten Fahrweg erreicht. Von dort links abzweigen und auf einem Karrenweg hinunter zum Wallfahrtskirchlein.

b) Nach rechts, auf dem mit der Bezeichnung »Rientro attrezzato« markierten und gesicherten Steig hinunter zum Wallfahrtskirchlein.

**Bemerkung:** An den Wochenenden besonders überlaufener Klettersteig.

### 53 **Via attrezzata Rino Pisetta**
Monte Garsolé, 967 m (Gardaseeberge)

**Schwierigkeit:** Besonders schwieriger Klettersteig
**Ausgangspunkt:** Sarche di Calavino, 249 m
**Stützpunkt:** Sarche di Calavino, 249 m
**Höhenmeter:** Aufstieg: ca. 700 m
Abstieg: ca. 700 m
Klettersteig: ca. 300 m
**Gehzeit:** Aufstieg: Sarche di Calavino – Monte Garsolé, ca. 3 Std.
Abstieg: Monte Garsolé – Ranzo – Val Busa – Sarche di Calavino, ca. 1$\frac{1}{2}$ Std.
Klettersteig: ca. 2 Std.
**Hinweis:** Kraftraubender, nur mit einer durchgehenden Seilsicherung und ohne zusätzliche Hilfsmittel ausgestatteter Klettersteig. Dieser »Eisenweg« gehört zu den anspruchsvollsten in diesem Führer.

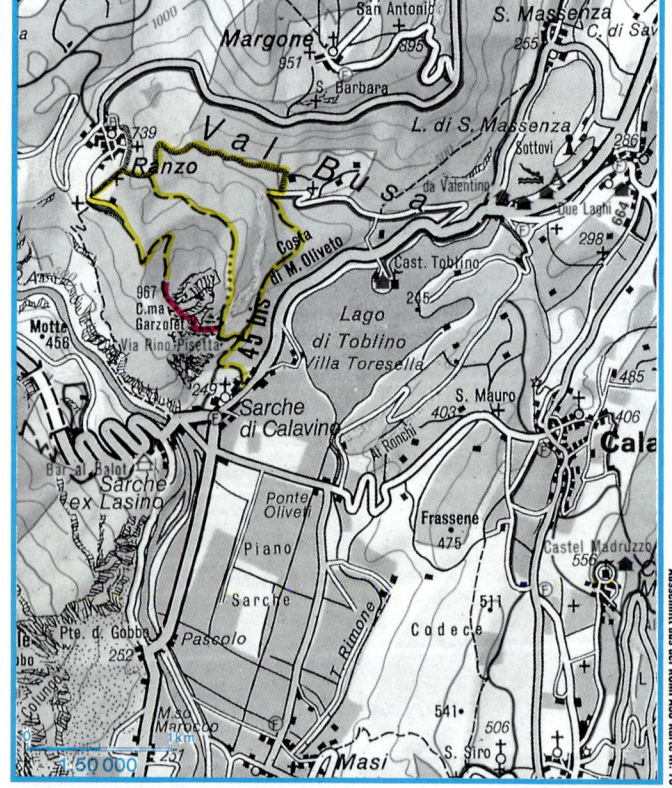

Monte Garsolé mit Lago di Toblino

**Aufstieg:** Der deutlich markierte Steig zum Einstieg der »Via attrezzata Rino Pisetta« beginnt bei einem Parkplatz (Autowerkstätte) am nördlichen Ende der Ortschaft Sarche di Calavino, 249 m. Durch den Wald in Serpentinen hinauf zum Klettersteig. Von dort unmittelbar senkrecht und überhängend am Stahlseil empor. Weiter links haltend (rechts Umkehrmöglichkeit) über senkrechte, überhängende, trittarme Platten und Wandstellen hinauf, bis man wieder zwischen Gesträuch und begrünten Bändern einen erdigen Steig erreicht. Zuletzt steil über einen Schotterpfad und den kurzen, mit einem Führungsseil gesicherten, Verbindungsgrat zum Gipfel des aussichtsreichen Monte Grasolé, 967 m.

**Abstieg:** Der Abstieg erfolgt gegen Norden. Nach ca. $\frac{1}{2}$ Stunde erreicht man das erste Haus der Ortschaft Ranzo, 739 m. Bei der Wegteilung hält man sich nach rechts, bis man an einem großen Bildstock des hl. Jakobus vorbeikommt. Hier wiederum rechts haltend geht man auf dem rot markierten Karrenweg durch das Val Busa abwärts. Bei einem Wegweiser »Sarche« wieder scharf nach rechts hinunter zu einem Fahrweg, dem man bis zur Brücke folgt. Von dort erst eben, dann leicht aufwärts nach Südosten und später weiter nach Süden, bis man wieder den Aufstiegsweg erreicht.

**Bemerkung:** Man kann auch von der Ortschaft Ranzo, 739 m, direkt zum Einstieg des Klettersteiges gelangen. Bei einem Haus mit Bildstock (hl. Jakobus) vorbei, hinunter bis zu einer Wegteilung. Dort rechts ab und etwas ansteigend, in der Folge absteigend unter den Wänden des Monte Garsolé, 967 m, hinab zum Einstieg, ca. 1 Std.

Giazza mit Monti-Lessini-Gruppe

# Unterkunftshütten

Alle Angaben ohne Gewähr! Bitte fragen Sie vor Beginn der Wanderung im Talort nach der Bewirtschaftungszeit und erkundigen Sie sich, ob eine Übernachtungsmöglichkeit besteht!

## Palagruppe
**Rifugio Pedrotti alla Rosetta,** 2.581 m, SAT, Post I-38058 San Martino di Castrozza, Tel. 0439/68308, von Mitte Juni bis Ende September bewirtschaftet. Von der Rosetta-Seilbahn ca. ¼ Std.
**Rifugio Pradidali,** 2.278 m, CAI, Post I-38054 Tonadico, Tel. 0439/64180, von Mitte Juni bis Mitte September bewirtschaftet. Vom Rif. Pradidali alla Rosetta ca. 1½-2 Std. Vom Rif. Baita la Ritonda (Valle dei Canali) ca. 3 Std.
**Rifugio Velo della Madonna,** 2.358 m, CAI-SAT, Post I-38058 San Martino di Castrozza, Tel. 0439/768731, von Mitte Juni bis Mitte September bewirtschaftet. Von San Martino di Castrozza ca. 3 Std.
**Rifugio Scarpa,** 1.742 m, CAI, Post I-32020 Frassenè, Tel. 0437/67010, von Mitte Juni bis Mitte September bewirtschaftet. Von Frassenè ca. 2 Std. Sesselbahn bis zur Hütte.
**Rifugio Treviso in Val Canali,** 1.631 m, CAI, Post I-38054 Tonadico, Tel. 0439/62311, von Anfang Juni bis Anfang Oktober bewirtschaftet. Von der Malga Canali (Valle dei Canali) ca. 1 Std.

## Civettagruppe
**Rifugio A. Sonino al Coldai,** 2.135 m, CAI, Post I-32010 Zoldo Alto, Tel. 0437/789160, von Mitte Juni bis Mitte September bewirtschaftet. Vom Parkplatz (oberhalb des Hotels Palafavera) ca. 1 Std.
**Rifugio Maria Vittoria Torrani,** 2.984 m, CAI, Post I-32010 Zoldo Alto, Tel. 0437/789150, von Anfang Juli bis Mitte September bewirtschaftet. Vom Rif. A. Sonino al Coldai ca. 4 Std. Vom Rif. Vazzoler ca. 4 Std.
**Rifugio Vazzoler,** 1.714 m, CAI, Post I-32017 Taibon-Agordino, Tel. 0437/660008, von Mitte Juni bis Mitte September bewirtschaftet. Von der Capanna Trieste ca. 2 Std.

## Moiazzagruppe
**Rifugio Bruto Carestiato,** 1.834 m, CAI, Post I-32021 Agordo, Tel. 0437/62949, von Mitte Juni bis Mitte September bewirtschaftet. Vom Passo Duran ca. 1 Std.
**Rifugio Passo Duran,** 1.601 m, CAI, Post I-32021 Agordo, Tel. 0437/660177, von Mitte Juni bis Anfang Oktober bewirtschaftet. Mit dem Auto bis zur Hütte.

## Schiaragruppe
**Rifugio 7° Alpini,** 1.491 m, CAI, Post I-32100 Belluno, Tel. 0437/941631, von Mitte Juni bis Ende September bewirtschaftet. Von der Case Bortot (Belluno) ca. 2½ Std.

## Brentagruppe
Siehe Haupttext "Brentagruppe" (Seite 49 - 53)

## Nonsberggruppe
**Überetscher Hütte = Rifugio Oltre Adige,** 1.775 m, CAI, Post I-38010 Ruffrè, Tel. 0471/812031, von Mitte Mai bis Mitte Oktober bewirtschaftet. Vom Mendelpaß (Parkplatz-Sesselbahn) ca. 2 Std.

## Fleimstaler Alpen
**Rifugio Ottone Brentari,** 2.473 m, SAT, Post I-38050 Pieve Tesino, Tel. 0461/594100, von Mitte Juni bis Ende September bewirtschaftet. Von der Malga Sorgazza ca. 3 Std.

## Vizentiner Alpen
**Rifugio Alpino Revolto,** 1.355 m, CAI, Post I-37030 Selva di Progno, Tel. 045/7847039, von Mitte Juni bis Ende September bewirtschaftet. Mit dem Auto bis zur Hütte.
**Rifugio Campogrosso,** 1.456 m, Almgenossenschaft, Post I-38076 Recoaro, Tel. 0445/75030, von Anfang Mai bis Ende September bewirtschaftet, im Winter nur an Wochenenden bewirtschaftet. Mit dem Auto bis zur Hütte.
**Rifugio Fraccaroli,** 2.238 m, CAI, Post I-38061 Ala, Tel. 045/7050033, von Mitte Mai bis Mitte Oktober bewirtschaftet. Vom Rif. Alpino Revolto ca. 3½ Std.
**Rifugio Generale Achille Papa,** 1.928 m, CAI, Post I-36030 Valli del Pasubio, Tel. 0445/630233, von Mitte Juni bis Ende September bewirtschaftet. Mit dem Auto bis zur Hütte.
**Rifugio Passo Pertica,** 1.522 m, privat, Post I-37030 Giazza, Tel. 045/7847011, von Anfang Juni bis Ende September bewirtschaftet. Vom Rif. Alpino Revolto ca. ¾ Std.
**Rifugio Scalorbi,** 1.767 m, GAO-Verona, Post I-37030 Giazza, Tel. 045/7847029, von Mitte Juni bis Mitte September bewirtschaftet. Vom Rif. Alpino Revolto ca. 2½ Std.

## Gardaseeberge
**Rifugio Alpino Fratelli Tambosi = Rif. Viote,** 1.547 m, CAI, Post I-38080 Bondone, Tel. 0461/948162, ganzjährig bewirtschaftet. Mit dem Auto bis zur Hütte.
**Rifugio Monte Baldo,** 1.120 m, privat, Post I-38063 Avio, Tel. 0464/86553, von Mitte Mai bis Ende September bewirtschaftet. Mit dem Auto bis zur Hütte.

## Orte · Hütten · Berge

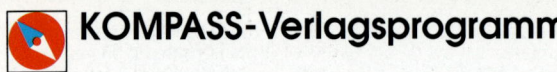

# KOMPASS-Verlagsprogramm

## KOMPASS-Wanderkarten
## 1:50.000

## KOMPASS-Kulturreiseführer
## mit Reisekarte

| | | | |
|---|---|---|---|
| 250 | Gardasee | 283 | Trentino |
| 267 | Veltlin | 285 | Südtirol |

## KOMPASS-Weitwanderwege
## 1:50.000

| | |
|---|---|
| 120 | Europäischer Fernwanderweg E5 Teil Nord |
| 121 | Europäischer Fernwanderweg E5 Teil Süd |
| 675 | Sentiero Europeo E1-Tratto umbro |
| 676 | Lombardischer Höhenweg Nord/ |
| | Sentiero Lombardia Nord |
| 677 | Lombardischer Höhenweg Süd/ |
| | Sentiero Lombardia Sud |
| 678 | Friedensweg/Via della pace |

## KOMPASS-Stadtpläne

| | |
|---|---|
| 480 | Bozen/Bolzano 1:8.000 |
| 481 | Meran/Merano 1:8.000 |
| 482 | Trento 1:12.500 |

## KOMPASS-Naturführer

| | | | |
|---|---|---|---|
| 1100 | Alpenblumen | 1106 | Mineralien |
| 1101 | Alpentiere | 1107 | Haus- und Heimtiere |
| 1102 | Wiesenblumen | 1108 | Küstenvögel |
| 1103 | Pilze | 1109 | Schmetterlinge |
| 1104 | Singvögel | 1500 | Natur-KOMPASS |
| 1105 | Heilpflanzen | | |

## KOMPASS-Küchenschätze

| | |
|---|---|
| 1701 | Südtiroler Spezialitäten |

Das gesamte KOMPASS-Verzeichnis mit über 300 KOMPASS-Wanderkarten erhalten Sie bei Ihrem Buchhändler oder beim Verlag Fleischmann & Mair GmbH, Kaplanstraße 2, A-6063 Rum/Innsbruck.

Im Habachtal
Silberwurz
Rotes Kohlröschen
Steinadler
Epidot
Gemsen
Aurikel

Die Abbildungen stammen aus den KOMPASS-Naturführern
Nr. 1100 Alpenblumen, Nr. 1101 Alpentiere und Nr. 1106 Mineralien.